W0364715

LES MANDALAS DE CRISTAUX

ETHAN LAZZERINI

TRADUIT PAR HERVÉ SOLARCZYK
PHOTOGRAPHIES PAR SISTERSPARK

LES MANDALAS DE CRISTAUX

Exploitez le pouvoir des cristaux
et de la géométrie sacrée pour manifester
l'abondance, la guérison et la protection

2021
AMÉTHYSTE ÉDITIONS

À PROPOS DE L'AUTEUR

Ethan Lazzerini est un auteur et un blogger vivant dans le Yorkshire, en Angleterre. Il travaille avec les cristaux depuis plus de 25 ans. Ethan travaille de façon intuitive et pratique avec les cristaux pour accéder aux informations et à l'énergie qu'ils contiennent. Il croit que les cristaux sont des outils et des alliés spirituels pour le développement personnel, la croissance spirituelle, la manifestation et la protection psychique. Dans ses livres, et dans les articles populaires de son blog, il s'efforce de rendre la lithothérapie limpide et facile à appliquer dans la vie de tous les jours.

Quand il n'est pas occupé à écrire, à lire ou à chasser les cristaux, il fabrique des bijoux de lithothérapie pour sa ligne de bijoux florissante, Merkaba Warrior. Vous trouverez beaucoup de guides et de conseils utiles sur la lithothérapie sur son site internet et sur son blog :

www.ethanlazzerini.com

Restez connecté avec Ethan Lazzerini sur les réseaux sociaux :
Facebook, Pinterest & Instagram

AUSSI PAR ETHAN LAZZERINI

- *Psychic Protection Crystals*
- *The Modern Guide To Psychic Self-Defence With Cristaux For Empaths & Highly Sensitive People*
- *Équilibrer ses chakras par les cristaux*
- *A Beginner's Guide To The Chakras & Chakra Balancing With Cristaux*

CE LIVRE EST DÉDICACÉ À TOUS CEUX QUI M'ONT SOUTENU ET QUI ONT PATIEMMENT ATTENDU LA SORTIE DE CE LIVRE. AUX ESTIMÉS LECTEURS DE MON BLOG ET DE MES LIVRES. AUX VIEUX AMIS ET AUX NOUVEAUX : VOUS SAVEZ QUI VOUS ÊTES. MERCI POUR TOUS VOS MOTS GENTILS, ET D'ÊTRE AUSSI PASSIONNÉS DE CRISTAUX QUE JE LE SUIS. JE VOUS OFFRE MA SINCÈRE GRATITUDE.

Améthyste Éditions
10 rue de Vidailhan
31130 Balma
France

www.amethyste-editions.com

Retrouvez-nous sur les réseaux sociaux
Facebook @AmethysteEditions
Twitter @AllianceMagique
Instagram @amethyste.editions

Direction éditoriale : Céline Morange
Traduction : Hervé Solarczyk
Photographies : SisterSpark / Linn Krabberød
Couverture : Pauline Riché
Mise en page : Mandy Vila
Correction : Gabrielle Goudet
Images couverture : © iStock/succodesign (vecteur mandala) ; © SisterSpark (photographies mandalas) ; © Raina (commission Whimsical fairytale grid)
Titre original : *Crystal Grids Power : Harness The Power of Crystals & Sacred Geometry for Manifesting Abundance, Healing & Protection*

Un Label des Éditions Alliance Magique
ISBN : 979-10-97154-81-3
Dépôt légal : 3e trimestre 2021
Impression Typo Libris

CE QU'ON DIT DE *LES MANDALAS DE CRISTAUX*

« Un guide très bien écrit et facile à comprendre, avec des procédures très complètes. La géométrie sacrée utilisée pour les mandalas est bien définie. Ethan explique qu'il faut non seulement une intention, mais aussi de la positivité, de la concentration, de l'action et des efforts. Ethan traite aussi de la direction des courants d'énergie, un élément essentiel si on veut obtenir des résultats avec les mandalas. Je recommande chaudement tout le livre ! »

- Melody, auteure de la série *Love Is In The Earth*

FINALISTE DES SPIRITUAL BOOK AWARDS

En 2018, *Crystal Grids Power (Les Mandalas de cristaux)* a été l'un des trois finalistes des Spiritual Book Awards de *Soul & Spirit Magazine* dans la catégorie des meilleurs livres sur les cristaux.

Avant de commencer, je voudrais vous parler d'un cadeau gratuit que je fais à tous ceux qui s'abonnent à ma Crystal Newsletter et à mes mises à jour. En vous abonnant, vous pouvez télécharger mon ebook gratuit *Discover Your Guardian Stone*. Ce livre a été écrit pour vous aider à trouver votre cristal de protection personnel au moyen de l'astrologie.

SI VOUS ÊTES INTÉRESSÉ, VISITEZ MON SITE INTERNET OU PASSEZ DIRECTEMENT PAR LE LIEN CI-DESSOUS :

WWW.ETHANLAZZERINI.COM/FREEGIFT

10. CRÉER VOS PROPRES MANDALAS DE CRISTAUX 227

11. RÉSOUDRE LES PROBLÈMES 235

INTRODUCTION

J'ai entendu parler des mandalas de cristaux pour la première fois il y a bien des années. À l'époque, il n'y avait pas beaucoup d'informations à leur sujet, ou bien elles étaient difficiles à trouver. Au fil des années, et peut-être grâce à internet, les choses ont changé. Les mandalas de cristaux ont suscité un intérêt croissant, et sont devenus de plus en plus populaires, surtout ces dernières années.

L'un des premiers mandalas de cristaux que j'ai réalisés était disposé tout autour de ma chambre et visait à créer un environnement paisible pour favoriser le sommeil. Ça a marché ; mais comment ?

En regardant les mandalas de cristaux créés par d'autres personnes, j'ai remarqué qu'ils conservaient une aura de mystère. De nombreuses sources ne précisaient pas pourquoi elles utilisaient tel ou tel cristal spécifique pour construire le mandala. Et même si elles le faisaient, elles ne semblaient jamais expliquer la signification de l'agencement géométrique des pierres.

C'est pourquoi il est si important pour moi de vous expliquer exactement pourquoi j'ai choisi les cristaux qui composent ces mandalas, et pourquoi j'ai choisi telle ou telle forme géométrique. Je pense qu'il est important de comprendre non seulement ce que vous faites, mais aussi pourquoi vous le faites. Ce livre vous aidera à comprendre les mécanismes métaphysiques impliqués et à dissiper le mystère qui entoure les mandalas de cristaux.

Les mandalas de cristaux de ce livre n'ont pas été créés simplement pour faire joli. J'ai fait des recherches approfondies pour formuler ces mandalas de cristaux en me servant de la géométrie sacrée ainsi que de ma connaissance des cristaux. J'ai fait en sorte qu'ils puissent être pour vous des outils pratiques et utiles pour tous les domaines de votre vie.

COMMENT UTILISER CE LIVRE

Avant de composer le moindre mandala, il est préférable de lire ce livre d'un bout à l'autre. Il a été conçu comme un cours, chaque chapitre s'appuyant sur le suivant. Même si vous avez déjà travaillé avec des mandalas de cristaux, vous allez apprendre de nouvelles choses ici. **C'est pourquoi vous trouverez plus loin dans ce livre un lien vers les matrices imprimables de mes mandalas de cristaux.**

Vous allez apprendre à maîtriser les énergies des cristaux et de la géométrie sacrée pour amplifier vos intentions, concentrer votre esprit et manifester des changements positifs. Mais tout d'abord, nous allons explorer les origines et les influences historiques qui sous-tendent les mandalas de cristaux utilisés aujourd'hui. Vous allez découvrir le lien entre la géométrie sacrée et les cristaux, et pourquoi elle est si importante pour construire des mandalas de cristaux.

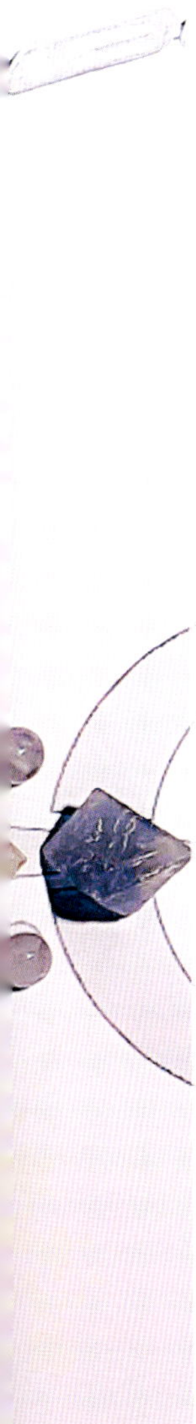

CHAPITRE 1

L'HISTOIRE ET L'ORIGINE DES MANDALAS DE CRISTAUX

Selon certains, les mandalas de cristaux sont une tradition ancienne ; pour d'autres, il s'agit d'une invention moderne. Alors, qui a raison ? Il est difficile de dire exactement quand on a composé le premier mandala de cristaux.

Les mandalas de cristaux, aussi appelés matrices de cristaux ou agencements de cristaux, semblent être apparus récemment, avec le développement de la lithothérapie moderne. Celle-ci date du début des années 1980, ou de peu après. Tout comme la pratique de la lithothérapie moderne, les mandalas de cristaux puisent dans les connaissances, les traditions et les croyances d'autrefois.

Il y a beaucoup de preuves d'agencements significatifs de pierres et de cristaux dans différentes cultures à différentes époques. L'idée vient peut-être de là ; en tout cas, les mandalas de cristaux suivent un système similaire. Dans ce chapitre, nous allons explorer plus en détail quelques-unes de ces anciennes pratiques spirituelles.

CERCLES DE PIERRE & PIERRES LEVÉES

On trouve des monuments mégalithiques partout dans le monde. On connaît bien les très vieux cercles et structures de pierre d'Europe, qui sont toujours enveloppés de mystère et de controverse. Les bâtisseurs de ces structures croyaient clairement à l'importance de l'utilisation de pierres, de leur position dans le paysage, et de leur relation au Soleil, à la Lune et très probablement aux étoiles.

On croit que ce type d'endroits servait à des pratiques spirituelles, à des rituels et à la guérison. Selon des croyances ésotériques et occultes, sur ces pierres levées, les anciens puisaient dans l'énergie de la planète, ou attiraient des énergies du cosmos. On dit que ces monuments ont été bâtis sur des lieux importants. Ceci comprend les lignes Ley et les points Vortex, qui se forment aux points d'intersection des lignes Ley. Ce réseau d'énergie qui parcourt le paysage a un rapport étroit avec la géométrie sacrée.

Ce que nous savons, c'est que ces pierres levées sont placées de façon géométrique et alignées avec d'autres monuments importants. Elles sont aussi placées de façon à s'aligner avec le Soleil, les cycles planétaires et les constellations.

Stonehenge est l'un des cercles de pierre les plus connus au monde. Les pierres les plus grandes ont été, d'une façon ou d'une autre, transportées en Angleterre à partir d'une région montagneuse du Pays de Galles. La pierre bleue des Preseli semble avoir eu une signification spéciale pour ces gens. Ses marques circulaires ont pu représenter pour eux les étoiles ou l'Univers lui-même.

Ces pierres levées reliaient peut-être le ciel et la terre d'une certaine manière ? Leur but premier se perd dans les brumes du passé, mais il est clair que leur disposition relève d'une intention à la signification profonde.

LE PECTORAL DU GRAND PRÊTRE

Le Pectoral du Grand Prêtre est un vêtement sacré étrange mentionné dans la *Bible*. On y trouve des instructions spécifiques sur les cristaux à utiliser, leur position et leur agencement géométrique :

> « *Tu feras un pectoral du jugement, artistement travaillé ; tu le feras du même travail que l'éphod ; tu le feras d'or, de pourpre violette, de pourpre écarlate, de cramoisi et de lin retors. Il sera carré et double ; sa longueur sera d'un empan et sa largeur d'un empan. Tu y adapteras une garniture de pierreries, quatre rangées de pierreries. Première rangée : une sardoine, une topaze, une émeraude ; deuxième rangée : une escarboucle, un saphir, un diamant ; troisième rangée : une opale, une agate, une améthyste ; quatrième rangée : une chrysolithe, un onyx, un jaspe.* » – Exode 28, 15-20

Le texte nous dit ensuite que les pierres représentent les douze tribus d'Israël. Comme pour tout texte ancien, il est difficile de traduire les noms des pierres, et les opinions divergent quant à l'identité exacte de certaines d'entre elles. Au premier siècle de notre ère, l'historien juif Flavius Josèphe a dit que ces pierres représentaient aussi les mois de l'année et les signes du zodiaque. Ce lien avec l'astrologie nous a donné plus tard la tradition des pierres de naissance en bijouterie.

Il est significatif qu'il y ait douze pierres sur le pectoral. Ce nombre se retrouve souvent dans de nombreuses cultures, avec des significations religieuses ou mystiques. Les pierres sont disposées en quatre rangées de trois, ce qui peut représenter les quatre saisons de trois mois. Ou les quatre éléments associés aux signes du zodiaque.

Ce que nous savons, c'est que ces cristaux étaient supposés avoir une sorte de pouvoir sacré ou symbolique. C'étaient des pierres qui représentaient les tribus et peut-être le cycle des mois de l'année ou les constellations astrologiques.

MANDALAS

Bien qu'on n'ait pas besoin de cristaux pour construire des mandalas, ces derniers sont associés à l'emploi des mandalas de cristaux. Le mot mandala vient d'un ancien mot sanscrit qui signifie « cercle ». Un mandala peut aussi inclure d'autres formes. On trouve des mandalas dans les traditions hindouiste et bouddhiste, et ils remontent à des milliers d'années. On dit qu'ils représentent l'Univers et montrent des sections des mondes physique et spirituel.

Les moines bouddhistes sont entraînés à créer ces mandalas au moyen de sable coloré, qui contient naturellement du quartz. Parfois, on se sert de cristaux réduits en poudre ou de perles de gemmes. La création de mandalas est une forme de méditation appliquée. Quand le mandala est terminé, on le détruit. Ceci représente la nature impermanente et illusoire du temps et de l'espace.

ROUES DE MÉDECINE

La roue de médecine nous vient des tribus amérindiennes. Ces roues étaient faites de pierres disposées en un motif circulaire contenant des rayons ou une croix. En général, on place aussi une pierre au centre du cercle.

Les dessins utilisés symbolisent les croyances et la spiritualité amérindiennes traditionnelles. Les divers rayons et les différentes sections d'une roue de médecine peuvent représenter, et s'aligner avec, les points cardinaux ou le lever et le coucher du soleil. Ils peuvent aussi symboliser les saisons ou les éléments. Certaines roues de médecine sont aussi de grands monuments de pierre historiques, comme les cercles de pierre, alignés sur les quatre points cardinaux. Quelques-uns sont alignés sur la Lune, les étoiles et les planètes.

Beaucoup considèrent que la création d'une roue de médecine, comme celle d'un mandala, est une forme de méditation. Autrefois, de grandes roues de médecine ont pu fonctionner comme site communautaire pour enseigner des traditions, des connaissances spirituelles ou pour se relier au divin.

LES MANDALAS DE CRISTAUX AUJOURD'HUI

Donc, nous voyons qu'on se sert de l'agencement de pierres selon des motifs géométriques symboliques depuis la préhistoire. Il est tout à fait possible que les mandalas de cristaux soient un développement de ces anciennes structures, idées et traditions.

Les mandalas de cristaux modernes s'appuient sur la sagesse de la géométrie sacrée, les croyances ésotériques et les traditions de lithothérapie. Vous pouvez les voir davantage comme une technologie spirituelle, qui, je n'en doute pas, va continuer de se développer. On peut d'ores et déjà définir plusieurs sortes de mandalas de cristaux différents.

Entre autres, ceux-ci :

MANDALAS DE CRISTAUX RÉGULIERS

C'est le type de mandala de cristaux le plus connu et le plus populaire aujourd'hui. Les cristaux sont disposés en motifs géométriques de taille petite ou moyenne sur une surface plane pour de nombreux objectifs différents. Les mandalas de cristaux réguliers de ce genre sont souvent utilisés pour des choses comme la manifestation, la protection psychique, la guérison ou le soutien durant des périodes de transition difficiles. Vous pouvez les composer pour vous ou pour aider autrui. Vous pouvez aussi vous servir d'une matrice de mandala de cristaux pour les fabriquer.

MANDALAS DE CRISTAUX DE LIEU

Il s'agit de grands mandalas de cristaux placés autour d'une pièce, d'un bâtiment, d'un jardin ou en pleine nature. Ces mandalas sont en général créés pour modifier, maintenir ou protéger l'énergie d'un lieu.

Les mandalas de cristaux de lieu peuvent être temporaires, par exemple dans une chambre, en cas de problèmes de sommeil. Ou permanents, comme quand on enterre des cristaux dans le sol. On peut placer des cristaux aux quatre coins d'une maison pour la protéger. On peut composer un mandala de cristaux dans un cadre naturel, pour créer un espace sacré pour la méditation.

MANDALAS DE CRISTAUX SUR LE CORPS

Il s'agit de mandalas de cristaux placés sur ou autour d'une personne. Ils sont temporaires et utilisés en lithothérapie ou pour la protection psychique par exemple. Les cristaux sont disposés pour modifier l'énergie dans l'aura et les chakras. Vous pouvez vous servir d'un mandala de cristaux pour purifier ou équilibrer l'aura. Vous pouvez aussi placer des cristaux autour du corps pour l'ancrage.

Dans ce livre, nous allons surtout nous intéresser au premier type de mandala de cristaux, car c'est le plus utile et le plus adaptable. J'ai aussi inclus plusieurs mandalas de cristaux de lieu et de corps vraiment utiles, pour que vous puissiez vous y essayer également.

CHAPITRE 2

COMMENT FONCTIONNENT LES MANDALAS DE CRISTAUX

Les mandalas de cristaux ne sont peut-être pas la façon la plus simple de se servir des cristaux, mais ils peuvent être très efficaces. C'est pourquoi de plus en plus de gens travaillent avec eux. Plus tard, je vous montrerai étape par étape comment composer des mandalas simples et plus complexes pour vous-même et pour les autres. Mais tout d'abord, nous allons explorer comment et pourquoi ces agencements de cristaux fonctionnent.

Les mandalas de cristaux combinent les énergies et les propriétés de cristaux spécifiques avec les mécanismes d'autres systèmes ésotériques. Tout ceci, dans l'intention de produire le résultat qu'on souhaite. Cela signifie que l'énergie des cristaux est concentrée, dirigée et amplifiée quand elle est utilisée dans le cadre d'un mandala de cristaux.

Ce sont les cristaux eux-mêmes qui constituent un mandala de cristaux. Alors, commençons par cette partie essentielle de tous les mandalas de cristaux avant d'explorer leurs autres aspects. N'oubliez pas que dans tout ce livre, j'utilise de façon interchangeable les termes pierre et cristal pour désigner toute forme de gemme ou de minéral.

CRISTAUX & LITHOTHÉRAPIE

On se sert de cristaux depuis longtemps pour leurs propriétés thérapeutiques ou spirituelles. Ce que nous appelons maintenant lithothérapie ou guérison par les cristaux, est le développement de ces idées et de ces croyances traditionnelles à notre époque.

D'un point de vue scientifique, les cristaux sont composés de diverses combinaisons de minéraux et ont leur propre champ électromagnétique. Si on regarde la plupart des cristaux à la loupe, on voit qu'ils ont une structure cristalline, qui est géométrique. Elle existe à un niveau microscopique et se répète dans tout le cristal. Certains cristaux poussent en formations clairement géométriques, comme le quartz, l'améthyste, la pyrite et la fluorite, pour n'en nommer que quelques-uns.

Ces géométries fascinantes, ces champs d'énergie, ces motifs récurrents et ces structures semblent tous ajouter du poids à la croyance ésotérique selon laquelle les cristaux émettent et stockent de l'énergie ou de l'information. Quant à la source de leurs propriétés de manifestation, si vous y réfléchissez un peu, les cristaux sont de l'énergie créatrice sous forme physique. Les minéraux qui ont créé ces cristaux viennent d'anciennes étoiles et planètes qui étaient encore en formation. De nombreux cristaux sont vieux de milliers, voire de millions d'années. Certains ont poussé il y a des milliards d'années et sont plus vieux que toute vie sur Terre.

Les cristaux contiennent des éléments qui constituent une part essentielle de toute vie sur Terre, comme le fer et la silice. Ce sont des graines cristallisées d'énergie créatrice. Le processus alchimique qui a créé ces cristaux dans les profondeurs ardentes de la Terre peut être utilisé pour un travail de manifestation.

D'un point de vue spirituel, les cristaux agissent aussi comme des catalyseurs. Ils modifient la vibration des énergies qui sont en vous et autour de vous, pour créer des changements dans votre vie. Ils peuvent être programmés pour des besoins et des désirs spécifiques. Les cristaux qui sont utilisés dans un mandala de cristaux sont choisis pour véhiculer les types d'énergie requis pour une situation donnée.

On peut les voir comme la source de pouvoir ou la batterie, d'un mandala de cristaux. Certains cristaux sont utilisés pour amplifier ou diffuser ces énergies dans l'Univers, ou vers une personne ou un lieu.

Même la forme des cristaux dont on se sert, comme les pointes de cristal, les cristaux biterminés ou les pyramides de cristal, a sa propre fonction et sa propre façon de diriger l'énergie. Nous étudierons ceci plus en détail par la suite.

La structure physique du cristal agit aussi comme une ancre pour les énergies. Le mandala de cristaux devient une représentation physique autant que symbolique de l'intention qui le sous-tend. Cette structure agit aussi comme un rappel visuel de la fonction du mandala. Elle nous parle, tant sur le plan conscient que sur le plan inconscient.

LA GÉOMÉTRIE SACRÉE

La géométrie sacrée est la croyance dans la signification et le pouvoir spirituel ou divin de la géométrie. Ces formes géométriques, qui existent partout, de vos cellules aux galaxies, sont vues comme représentant l'empreinte du divin. Elles sont le cadre dans lequel toute vie est créée. Sans géométrie, il n'y aurait ni monde manifesté, ni formes de vie.

Ces dernières années, la géométrie sacrée a été de plus en plus explorée à l'extérieur des groupes ésotériques. Ce sujet est vaste, et couvre les cultures anciennes, les traditions, les religions, l'architecture, la génétique, la biologie, la physique, l'astrophysique, la spiritualité, la cosmologie, la numérologie et la philosophie. On a écrit des centaines de livres sur ce sujet et on pourrait écrire des volumes entiers rien que sur une seule des formes géométriques fondamentales. Si vous regardez bien, la géométrie sacrée est à la base de presque tous les dessins de

mandala de cristaux. Ils ne doivent pas simplement avoir l'air symétriques ou mystiques.

Comme on l'a vu plus haut, la structure cristalline de la plupart des minéraux est géométrique. Les formations de certains cristaux, comme les cristaux de quartz, montrent clairement des formes géométriques. Cette géométrie fait partie du pouvoir synergique des mandalas de cristaux. Les formes et les motifs géométriques microscopiques des cristaux contribuent à former le schéma énergétique qui sous-tend les mandalas de cristaux.

On se sert de géométrie sacrée pour s'aligner avec des énergies plus vastes, comme celles de la Terre et de l'Univers. On dispose les cristaux selon ces formes pour se brancher sur ces champs d'énergie géométriques et concentrer l'énergie des cristaux vers le résultat souhaité. Puiser dans le champ d'énergie de la Terre et dans les lignes Ley aide à manifester des choses dans le monde physique, là où on a besoin d'elles.

En vous servant de la géométrie sacrée, vous vous assurez aussi que votre désir ou votre but est en alignement avec celui de l'Univers et avec le plan supérieur de votre vie.

LA NUMÉROLOGIE

La numérologie est la science ésotérique des nombres et de leur signification. La croyance dans la signification spirituelle des nombres est aussi très ancienne, et on la retrouve dans de nombreuses cultures, religions et traditions du monde entier.

Bien que la plupart des gens soient plus habitués à l'application de la numérologie aux noms et aux dates de naissance, pour une analyse de la personnalité et de la destinée, elle a beaucoup d'autres applications. On s'est toujours servi de la signification symbolique des nombres dans les temples, les cérémonies religieuses, magiques ou chamaniques, l'interprétation des rêves et l'art.

La numérologie est associée de très près à la géométrie sacrée ; certains diront même qu'elle en constitue les racines. Un unique point dans l'espace devient deux, formant une ligne. Ajoutez un autre point pour faire trois, et vous avez un triangle, la première forme géométrique. La signification symbolique des nombres est très proche de celle des formes géométriques qui leur sont associées. Dans un mandala de cristaux, nous pouvons utiliser trois cristaux pour former un triangle ; donc naturellement le nombre trois et le triangle ont tous deux des significations et un pouvoir très semblables, dont vous voudrez peut-être vous servir.

LA MANIFESTATION

En ésotérisme, la manifestation désigne le processus par lequel vous créez quelque chose dans votre vie ou dans le monde. Il peut s'agir d'attirer à vous une situation, une opportunité, un nouvel emploi ou une personne importante.

Son fondement est la croyance selon laquelle tous les êtres humains ont un pouvoir créatif spirituel ; que nous pouvons attirer des choses dans notre vie, si nous nous concentrons sur elles. Tout ce qui nous entoure est fait d'énergie, nous-mêmes y compris. Donc, en nous servant de la bonne quantité d'énergie, on doit pouvoir attirer ou changer quelque chose dans notre vie. On croit que ces changements sur le plan énergétique influencent le monde physique qui nous entoure, qui est lui aussi fait d'énergie.

On trouve maintenant beaucoup d'informations, de techniques et de méthodes pour manifester des choses. Les mandalas de cristaux ne sont que l'une d'elles. Vous allez programmer ou imprégner vos cristaux et votre mandala de votre intention. Ces énergies sont faites pour altérer l'énergie d'une situation, pour ouvrir de nouvelles portes, pour changer ou attirer vos souhaits. Mais les mandalas de cristaux vont bien au-delà de la simple manifestation de vos buts, comme améliorer vos finances, par exemple. Ils peuvent servir à créer un environnement paisible, à apporter la guérison ou à recevoir des conseils du divin, par exemple. Les possibilités sont infinies.

VOTRE INTENTION

Comme pour tous les aspects de la lithothérapie, je crois que c'est votre intention qui va vraiment avoir le plus d'importance. Il est essentiel que vous ayez une idée très claire de ce que vous voulez manifester, ou faire arriver. Réfléchissez bien à ce que vous voulez et à vos raisons de le vouloir. Assurez-vous qu'il s'agisse de quelque chose que vous voulez vraiment voir entrer dans votre vie, et que vous êtes prêt à agir en conséquence, si cela devait se produire.

Les mandalas de cristaux de ce livre sont conçus pour des objectifs différents ; mais voyez-les comme des guides. Vous pouvez toujours les personnaliser pour qu'ils correspondent à votre propre situation. Savoir très précisément ce que vous voulez voir se produire va vraiment beaucoup vous aider.

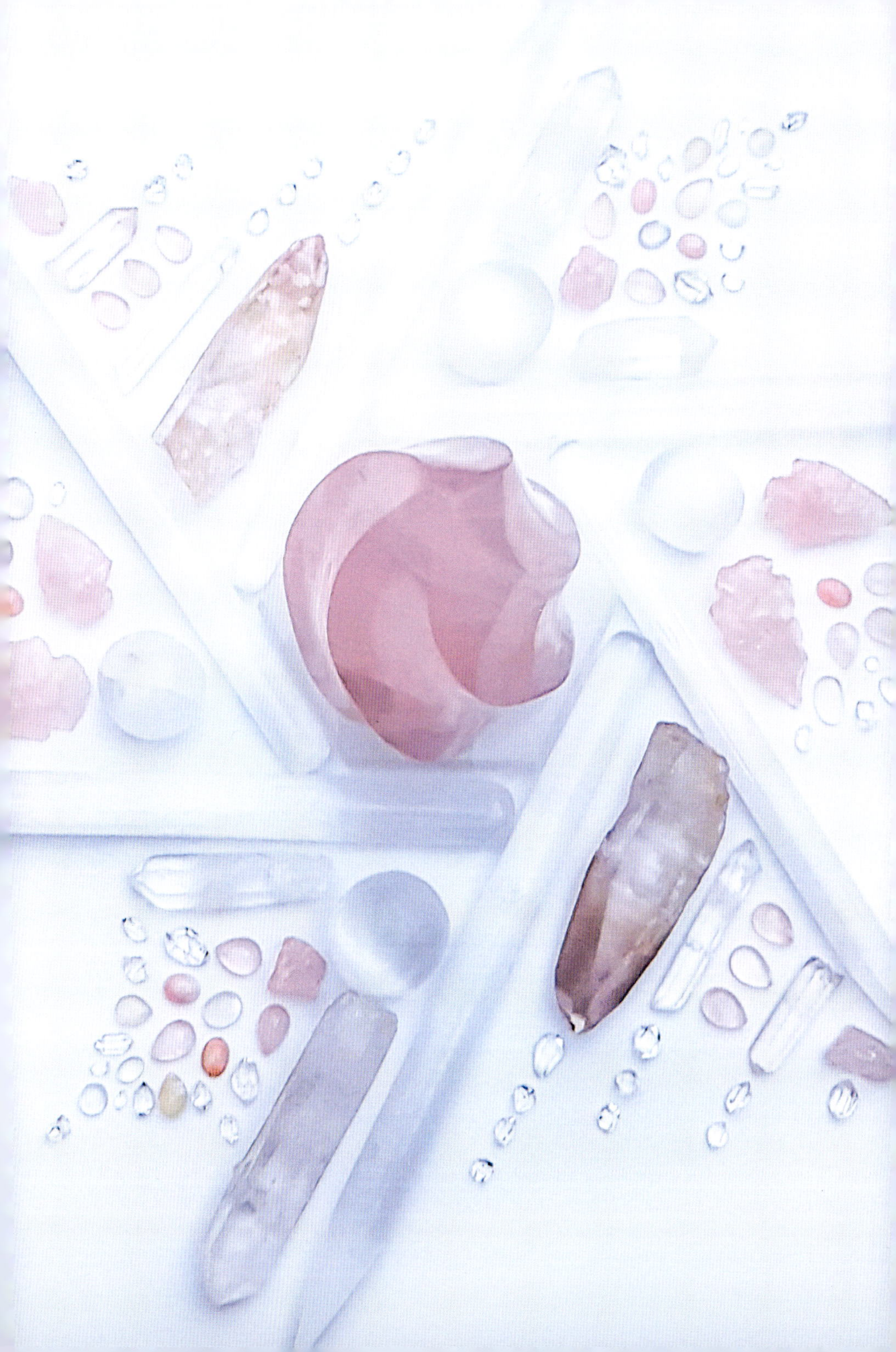

Mais il faut aussi se rappeler de ne pas être spécifique au point de se limiter. Cela peut arriver, si vous énoncez exactement comment vous pensez que le résultat va se manifester. Attention à ne pas être trop rigide ou trop directif, ou vous risquez de bloquer des opportunités ou d'empêcher la manifestation de quelque chose d'encore meilleur que ce dont vous avez rêvé. Vous devez essayer d'éviter des choses comme « Je vais recevoir telle somme d'argent d'ici un mois pour la vente de ma maison ». Il vaut mieux dire, « Ma maison va se vendre facilement ».

Je vais vous faire une suggestion pour la formulation de votre déclaration d'intention pour chacun des mandalas, que vous pourrez utiliser comme base de départ. Vous pourrez les employer telles quelles, ou les adapter à vos besoins spécifiques. N'oubliez jamais que ce sont vos mots de pouvoir ; donc, faites en sorte qu'ils soient toujours positifs, clairs et stimulants.

Je crois que nous sommes plutôt comme des cocréateurs, agissant avec le divin, et que la manifestation n'est pas aussi simple que certains l'ont laissé entendre. Beaucoup de facteurs sont impliqués, et le timing n'est pas quelque chose qu'on peut facilement contrôler. Ce qui est important, c'est d'être clair sur ce que vous voulez, mais pas trop spécifique quant à « comment » les choses vont se produire. Votre intention, claire comme le cristal, va programmer le mandala de cristaux et faire en sorte qu'il soit en alignement avec votre but.

Il y a autre chose qui peut faire passer votre travail de manifestation à un niveau supérieur : la visualisation. Quand vous programmez vos cristaux avec votre intention, vous devez vraiment la voir et la ressentir comme si elle était déjà manifestée. Visualisez le résultat désiré, et toutes les bénédictions qu'il va vous apporter, à vous et à toutes les autres personnes impliquées.

Chargez cette vision en ressentant toutes les émotions positives, comme la joie, la satisfaction et la paix, que vous ressentiriez si elle se réalisait maintenant. Pour quelque chose comme la guérison, voyez la personne en parfaite santé. Pour mettre fin aux disputes au foyer, voyez tout le monde en train de s'entendre à nouveau et ressentez une bonne énergie emplir votre maison.

Votre vision et vos émotions ajoutent du pouvoir à votre mandala de cristaux. Elles imprègnent l'énergie de plus de clarté quant à l'effet attendu, et à ce que vous ou d'autres personnes voulez ressentir. Cela ne passe pas toujours par des mots. Si vous avez du mal avec cette étape, vous pouvez devoir réévaluer la raison pour laquelle vous créez ce mandala de cristaux. Assurez-vous de ne pas manifester quelque chose que vous avez déjà.

Comme pour toutes les choses de ce genre, il est bon de se souvenir aussi de vous assurer que votre emploi des mandalas de cristaux est éthique. Si vous modifiez le but de l'un des mandalas présentés ici, ou si vous créez le vôtre, assurez-vous que vous n'essayez en rien de contrôler une autre personne ou de lui faire du tort. Il vaut toujours mieux demander la permission d'une personne si vous voulez l'aider, ou lui apporter par exemple protection ou guérison. Vous avez peut-être de bonnes intentions, mais vous devez avoir sa permission. Il peut y avoir des exceptions valables, comme quand une personne est incapable de communiquer après un accident ou une maladie, par exemple.

C'est une chose très personnelle, qui va varier d'une personne à l'autre. Vous êtes le seul à pouvoir décider de ce qui est bon pour vous. C'est une bonne idée que d'ajouter à votre intention que la guérison ou la protection ne soit envoyée à une personne que si c'est pour son plus grand bien. Ceci garantit que vous ne fassiez rien que vous ne devriez pas faire, en violant son libre arbitre. J'ai inclus cette précaution dans les déclarations d'intention que je propose pour les mandalas de cristaux de ce livre.

UNE APPROCHE HOLISTIQUE ET ÉQUILIBRÉE

Il est important de se souvenir que quoi que vous fassiez sur le plan énergétique ou spirituel, vous devez aussi entreprendre une action physique quand c'est possible. Les mandalas de cristaux peuvent vous aider à manifester vos objectifs et à provoquer des changements, mais vous ne devez pas vous en servir comme substituts au travail requis pour obtenir ce que vous voulez. Les mandalas de cristaux ne sont pas une panacée qui peut résoudre tous vos problèmes.

L'univers ne fonctionne pas comme un plat préparé. Les choses peuvent avoir besoin de temps pour se manifester. Bien sûr, nous avons tous entendu des histoires de gens qui ont demandé à voir quelque chose arriver dans leur vie, et qui l'ont reçue le lendemain ; mais ce n'est pas normal. Si vous créez un mandala de cristaux pour avoir un emploi mieux payé, mais que vous ne postulez nulle part, il y a très peu de chances pour qu'on vienne vous en offrir un. Ceci, parce que vos actions ne s'alignent pas avec vos intentions.

Quand vous adoptez l'approche passive de la manifestation, vous envoyez à l'univers des signaux contradictoires. Si vous n'êtes pas disposé à faire des efforts et à dépenser de l'énergie pour avoir cet emploi, pourquoi l'univers devrait-il vous aider ? À quel point le voulez-vous vraiment ? Si vous voulez qu'une chose se produise, vous devez faire tout ce que vous pouvez pour qu'elle se réalise. Vous devez mener une action spirituelle par le mandala de cristaux ; agir sur les plans mental et émotionnel en restant concentré et positif quant à votre objectif ; entreprendre une action physique en faisant ce qu'il faut pour obtenir ce que vous voulez.

LE LOSANGE DU MANDALA DE CRISTAUX

Pour résumer comment fonctionnent les mandalas de cristaux, regardez le diagramme ci-dessous. Ce losange montre les différentes facettes d'énergie qui servent à cristalliser vos intentions pour qu'elles deviennent réalité. La lithothérapie, la géométrie sacrée, la numérologie et l'intention ; et l'action au centre.

Toutes ces forces doivent travailler ensemble. Sans une intention claire ou une action déterminée, le losange est brisé et incomplet.

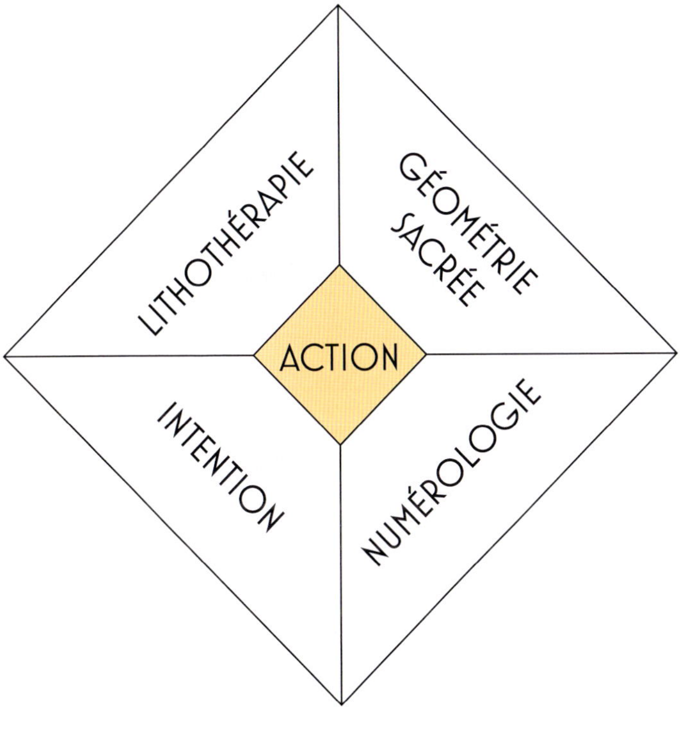

CHAPITRE 3

GUIDE DE LA GÉOMÉTRIE SACRÉE

Ceci est une introduction et un guide illustré des formes géométriques et des symboles de la géométrie sacrée qui sont utilisés dans la création de la plupart des mandalas de cristaux que vous trouverez. Ces formes géométriques sont les composantes de tous les mandalas de cristaux qui figurent dans ce livre. Ces symboles ont de nombreuses couches de significations, et différentes sources peuvent les présenter selon des points de vue différents. Nous allons étudier un peu de l'histoire et du symbolisme qui sous-tendent ces formes géométriques, afin que vous puissiez mieux comprendre leurs significations. Chaque forme a sa propre correspondance numérique.

Vous apprendrez aussi comment ces symboles peuvent être utilisés dans les mandalas de cristaux à des fins différentes. J'ai donné une liste de mots-clés par souci de facilité, et pour que vous puissiez vous y référer rapidement. Ces mots-clés constituent un résumé de l'énergie et de l'essence de chaque forme géométrique.

Je ne veux pas vous noyer dans un flot trop complexe de données scientifiques et ésotériques. Vous n'avez pas besoin de les connaître pour vous servir de la géométrie sacrée. Si vous avez envie de faire des recherches supplémentaires, consultez la bibliographie à la fin de ce livre.

Vous pouvez vous servir de ce guide pour vous familiariser avec ces formes géométriques récurrentes et avec leurs significations clés. Vous pouvez vous en servir pour mieux comprendre le schéma énergétique et les mécanismes qui sous-tendent les mandalas de cristaux contenus dans ce livre. Vous pouvez aussi vous en servir pour débloquer les secrets d'autres mandalas de cristaux. Vous pouvez encore vous en servir comme d'un guide pour créer vos propres mandalas de cristaux si vous voulez. Nous en parlerons davantage plus tard.

Vous vous demandez peut-être comment utiliser certains de ces symboles, qui ont des significations multiples, sans produire de résultats indésirables. La clé, ici, c'est votre intention. La même chose s'applique aux cristaux utilisés en lithothérapie. Votre intention dirige les énergies les plus nécessaires selon ce dont vous avez le plus besoin à un moment donné.

CERCLE

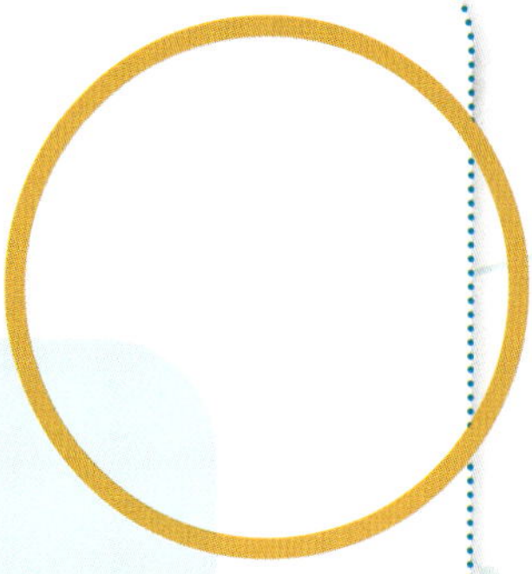

CERCLE

MOTS-CLÉS

Protection, Intégrité, Renouveau,
Flux continu, Soutien cosmique,
Engagement,
Concentration, Unité

VIBRATION NUMÉRIQUE : 1, Infini

HISTOIRE ET SYMBOLISME

On croit que le cercle est le plus ancien symbole de l'humanité, et toutes les cultures l'ont utilisé à toutes les époques. Le cercle n'a ni commencement, ni fin ; il représente l'éternité. Il peut être tracé d'une seule ligne. On peut considérer que les formes circulaires représentent les corps célestes, le Soleil, la Lune, les planètes et la Terre. Cette forme en anneau, quand on en fait une alliance, est un signe d'engagement.

Le cercle servait aussi aux anciens à délimiter une frontière bien nette de protection. Ce symbole sert dans bon nombre d'amulettes et de talismans de protection. Les bracelets, les chapelets et les colliers sont tous basés sur cette forme continue. On la retrouve dans les cercles de pierre des sites sacrés d'Europe et du monde entier. Encore aujourd'hui, vous trouverez le cercle utilisé pour la protection presque partout.

VESICA PISCIS

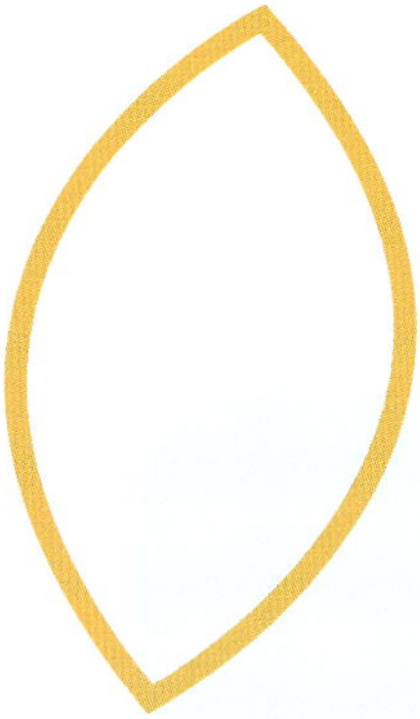

VESICA PISCIS

MOTS-CLÉS

Renaissance, Renouveau, Création, Créativité, Déesse, Transformation, Nouvelles opportunités, Mondes spirituels

VIBRATION NUMÉRIQUE : 2

HISTOIRE ET SYMBOLISME

Cette forme porte aussi le nom de *mandorle*, un mot latin qui signifie amande. Le mot *piscis* signifie poisson dans la même langue ; c'est la base du symbole du poisson utilisé par les premiers chrétiens. On peut aussi voir cette forme dans les peintures médiévales, autour des personnages religieux chrétiens associés à la renaissance et au changement. Dans la nature, on la trouve dans les pétales du lotus, dans les feuilles des plantes et des arbres, dans les citrons et les graines des fruits.

La Vesica Piscis est constituée par l'intersection de deux cercles, représentant les mondes physique et spirituel. Sa forme représente le portail féminin de la naissance et de la vie nouvelle.

Quand nous créons quelque chose, nous devons avoir au moins deux forces ou ingrédients. La Vesica Piscis est un portail vers de nouvelles expériences, de nouveaux mondes et même d'autres dimensions.

SPIRALE

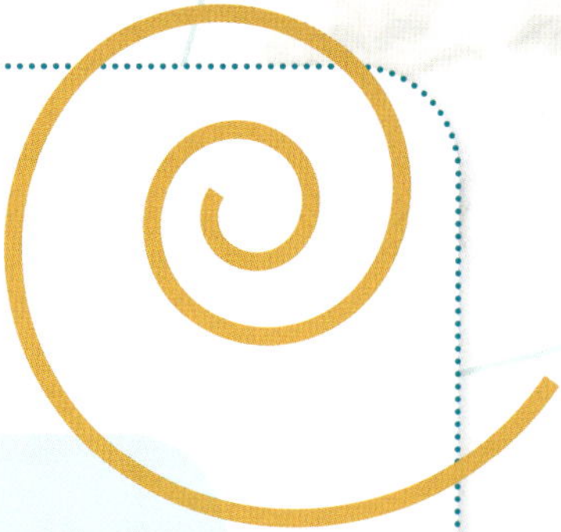

SPIRALE

MOTS-CLÉS

Croissance, Soutien cosmique,
Développement spirituel, Guidance,
Concentration, Sagesse,
Énergie de Kundalini

VIBRATION NUMÉRIQUE : infini

HISTOIRE ET SYMBOLISME

C'est aussi l'un des symboles les plus anciens. On peut le trouver peint et gravé sur des rochers et sur les parois des cavernes dans le monde entier. Les Celtes et les Maoris révéraient cette forme. La spirale montre un chemin de mouvement concentré et d'énergie intensifiée. Dans le monde naturel, on peut la voir dans les coquillages, les fougères, les galaxies et même dans notre ADN.

Une spirale peut représenter les cycles cosmiques du temps, la Voie lactée, et même tout l'Univers. Elle peut symboliser l'énergie de la Kundalini, enroulée comme un serpent à la base de notre colonne vertébrale, ou dans notre chakra racine. Le serpent est associé à la connaissance et à la sagesse depuis l'Antiquité. Certains ont même observé que les chakras eux-mêmes ressemblent à des spirales de lumière.

TRIANGLE

TRIANGLE

MOTS-CLÉS

Créativité, Création, Manifestation, Harmonie, Équilibre, Lien avec le divin, Intuition, Aptitudes psychiques, Inspiration, Accroît l'énergie, Libère l'énergie, Protection

VIBRATION NUMÉRIQUE : 3

HISTOIRE ET SYMBOLISME

Cette forme est l'une des plus mystiques. Le triangle est formé de trois lignes, et a trois pointes, ce qui en fait une représentation d'une trinité. Il peut s'agir de l'âme, du corps et de l'esprit, de la Triple Déesse, ou de la Sainte Trinité. Un triangle se forme quand deux points distincts sont équilibrés par un troisième.

On peut le voir dans le symbole sanscrit pour le chakra du troisième œil. Pointe en haut, un triangle symbolise une flamme et le feu, ou une torche qui illumine les ténèbres. Il devient un symbole masculin qui accroît l'énergie montante et se relie au divin. Inversé, le triangle devient une coupe qui retient l'eau, ou un vaisseau pour l'esprit. Il devient alors un symbole féminin, qui ancre l'énergie ou reçoit des informations spirituelles.

CARRÉ & LOSANGE

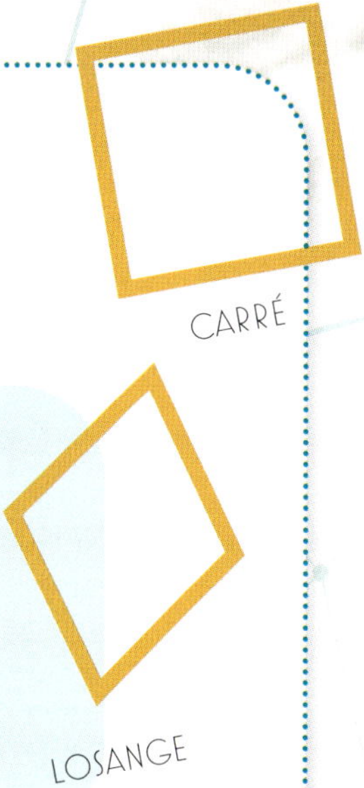

MOTS-CLÉS

Stabilité, Fondations solides, Force, Endurance, Limites, Manifestation matérielle, Les quatre directions, Saisons & Éléments, Monde physique, Environnement, Ancrage

VIBRATION NUMÉRIQUE : 4

HISTOIRE ET SYMBOLISME

Le carré est l'une des formes géométriques les plus fortes. On peut le voir dans certains cristaux, comme la pyrite, et d'autres formations rocheuses naturelles. Considérez-le comme un château ou une forteresse vu du dessus, ou une brique qui forme une maison ou un mur.

Le losange porte aussi le nom de diamant, qui est l'une des pierres les plus dures et aussi un symbole de force et d'endurance. Ces deux formes à quatre côtés représentent les quatre directions de la boussole, les quatre saisons et les quatre éléments, le feu, la terre, l'eau et l'air. Le carré est aussi un symbole de l'élément terre lui-même et du monde physique.

CROIX

CROIX

MOTS-CLÉS

Protection, Union physique & spirituelle, Les quatre directions, Saisons & Éléments, La Terre, L'année solaire, Nouvelles opportunités

VIBRATION NUMÉRIQUE : 4

HISTOIRE ET SYMBOLISME

On peut trouver la croix dans le monde entier, sous de nombreuses formes. Deux lignes simples créent quatre chemins dans quatre directions opposées. Comme le carré, elle peut représenter les quatre éléments, les quatre saisons et les quatre directions de la boussole. Elle peut aussi indiquer les deux équinoxes et les deux solstices de l'année solaire. Dans certaines traditions, un carrefour est considéré comme un lieu magique, entre notre monde et le monde spirituel.

La ligne horizontale peut symboliser la Terre et le monde physique. La ligne verticale est comme un rayon de lumière divine qui perce la terre. Ensemble, elles montrent la fusion et l'union des mondes physique et spirituel. La croix a servi de symbole de protection spirituelle dans plusieurs cultures anciennes pendant des milliers d'années.

PENTAGRAMME & PENTAGONE

PENTAGRAMME

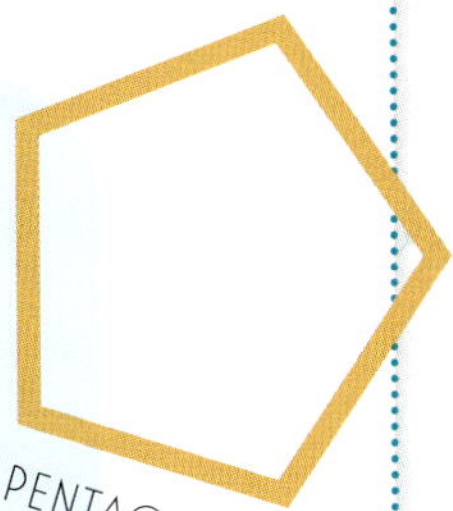

PENTAGONE

MOTS-CLÉS

Renaissance, Renouveau, Protection, Changement, Liberté, Nouveaux commencements, Les quatre éléments & l'Esprit, La Déesse

VIBRATION NUMÉRIQUE : 5

HISTOIRE ET SYMBOLISME

En Égypte ancienne, les étoiles à cinq pointes servaient à représenter les étoiles dans le ciel nocturne. Plus tard, la forme géométrique du pentagramme a été utilisée par les mystiques et les astrologues du Moyen-Orient, longtemps avant d'arriver en Europe. On peut trouver une géométrie pentagonale dans les pétales de nombreuses fleurs, dans la disposition des pépins de pomme et même dans le corps humain.

Le pentagramme est associé aux mouvements de la planète Vénus et à l'énergie féminine de la Déesse. Les cinq points peuvent aussi représenter les quatre éléments, avec le cinquième élément, l'esprit. En numérologie, le cinq altère l'énergie stable du nombre quatre, créant mouvement et changement. Les forces du changement sont nécessaires pour la création et le renouveau de la vie.

ÉTOILE DE DAVID

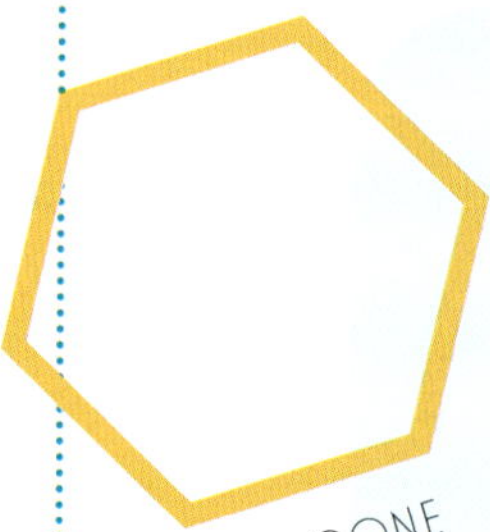

HEXAGONE

ÉTOILE DE DAVID & HEXAGONE

MOTS-CLÉS

Équilibre, Harmonie, Coopération, Partenariats, Protection, Union spirituelle, Lien avec le divin, Alignement cosmique, But de la vie, Nouvelles opportunités, Maîtrise, Activation du corps de lumière, Transmutation, Équilibre karmique, Justice

VIBRATION NUMÉRIQUE : 6

HISTOIRE ET SYMBOLISME

Aussi connu sous les noms de *Bouclier de David*, de *Sceau de Salomon* ou d'*Hexagramme*. Pour la plupart des gens, l'Étoile de David est un symbole judaïque, associé à la lignée royale de David et de Salomon. Mais on retrouve aussi ce symbole dans d'autres cultures, comme au Tibet et en Inde. On peut observer une géométrie hexagonale dans de nombreux minéraux et cristaux naturels, dont le quartz. On le trouve aussi dans la structure des rayons de miel.

L'Étoile de David est formée par deux triangles entrelacés. L'un pointe vers le haut, et l'autre vers le bas, symbolisant l'union des opposés en parfaite harmonie. On peut aussi se servir de ce symbole pour créer les quatre symboles alchimiques des éléments. Combinés ensemble, ils deviennent l'étoile du cinquième élément, l'esprit. L'étoile à six pointes a une longue histoire comme puissant symbole de protection contre le mal.

HEPTAGRAMME & HEPTAGONE

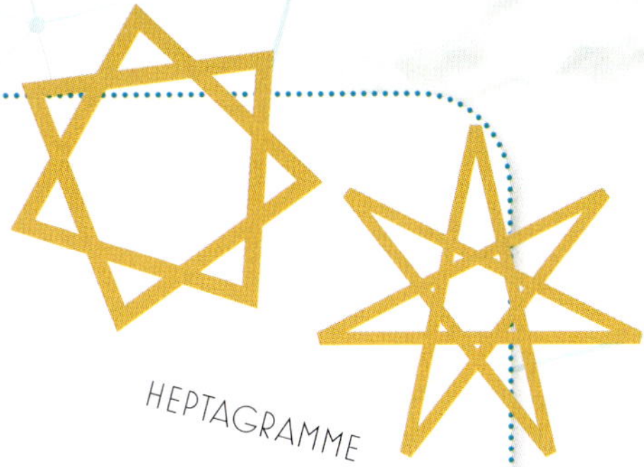

HEPTAGRAMME

MOTS-CLÉS

Victoire, Réussite, Sagesse, Connaissance, Étude, Spiritualité, Connaissance ésotérique, Élémentaux, Lien avec les anges, Principaux chakras

VIBRATION NUMÉRIQUE : 7

HEPTAGONE

HISTOIRE ET SYMBOLISME

L'étoile à longues pointes est aussi connue comme l'*Étoile elfique* ou l'*Étoile des Pléiades*. L'heptagramme représente un grand nombre de septénaires sacrés dans le monde entier. Les sept planètes classiques de l'astrologie, les sept Archanges, les sept étoiles de la constellation des Pléiades, les sept jours de la semaine, les sept principaux chakras et les sept métaux des alchimistes. C'est de là qu'elle tire son association à la connaissance ancienne et à la sagesse spirituelle.

En Kabbale, l'étoile à sept pointes est reliée à la sphère de Netsach, qui représente la victoire. Dans le tarot, la septième carte est Le Chariot, qui est aussi associée à la victoire et à la réussite.

On trouve parfois des sphinx sur cette carte. En mythologie, le sphinx est considéré comme un gardien de la connaissance secrète. Pour bien des gens, l'heptagramme est associé aux êtres élémentaires aussi connus sous le nom d'esprits de la nature.

OCTOGRAMME & OCTOGONE

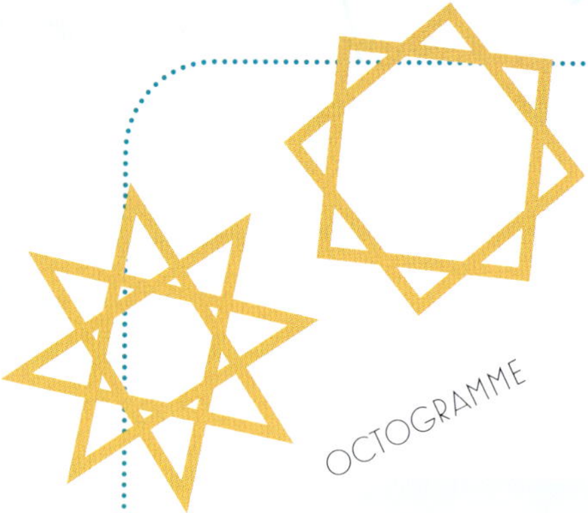

MOTS-CLÉS

Prospérité, Abondance, Expansion, Croissance, Progrès, Réussite, Stabilité, Équilibre, Détermination

VIBRATION NUMÉRIQUE : 8

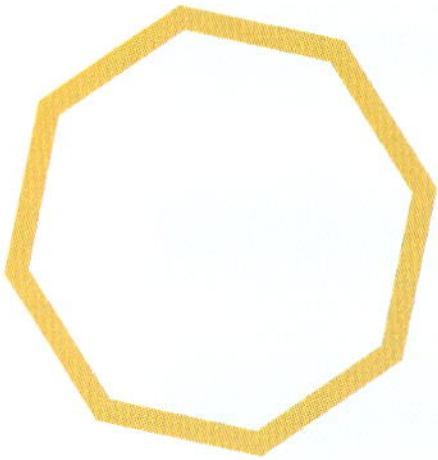

HISTOIRE ET SYMBOLISME

L'octogramme peut être formé de deux carrés superposés, ce qui montre son lien très fort avec le monde physique. Ses huit pointes peuvent représenter les huit directions de la rose des vents, et les huit fêtes saisonnières de la roue de l'année païenne.

L'octogramme porte aussi le nom d'Étoile de *Lakshmi*, d'après la Déesse hindoue de la richesse. Huit est vu comme un nombre de bon augure dans beaucoup de pays asiatiques et dans la pratique du Feng Shui. L'octogramme est souvent utilisé dans l'art musulman et dans la structure des bâtiments sacrés. Dans le bouddhisme, huit est associé au sentier octuple du Bouddha, symbolisé par une roue à huit rayons.

ENNÉAGRAMME & ENNÉAGONE

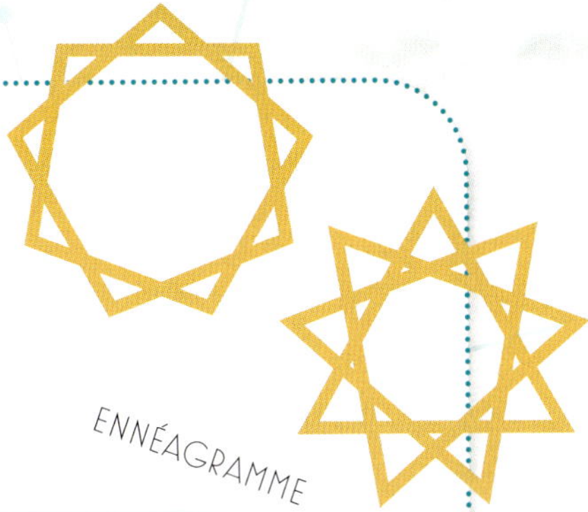

MOTS-CLÉS

Complétude, Réalisation, Unité, Paix, Compassion, Humanité, Talents & Aptitudes

VIBRATION NUMÉRIQUE : 9

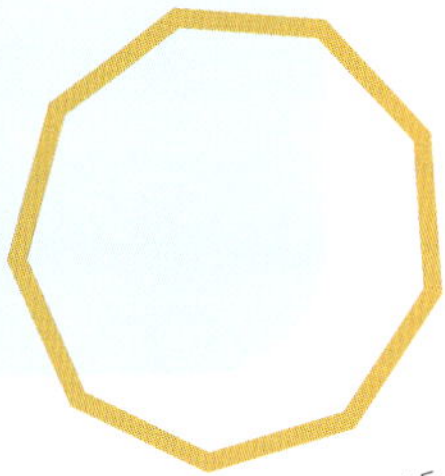

ENNÉAGONE

HISTOIRE ET SYMBOLISME

L'ennéagramme et l'ennéagone sont formés à partir de neuf points. Neuf est le nombre de la complétude, car c'est le dernier nombre à un seul chiffre. Il contient les neuf chiffres qui servent à créer tous les autres nombres, avec l'addition de zéro.

On se sert d'une forme similaire dans le système de l'ennéagramme, pour représenter les neuf types de personnalité. Il faut à peu près neuf mois pour qu'un corps humain se développe et naisse. Trois fois trois font neuf, ce qui en fait un nombre magique pour bien des gens. Dans l'hindouisme, neuf est associé au Seigneur Brahma, le dieu créateur. Sa forme géométrique peut être vue comme incluant de nombreuses énergies différentes.

GRAINE DE VIE

GRAINE DE VIE

MOTS-CLÉS

Création, Créativité,
Développement, Croissance,
Nouveaux commencements

VIBRATION NUMÉRIQUE : 7

HISTOIRE ET SYMBOLISME

On peut trouver la Graine de Vie au centre du symbole de la Fleur de Vie. Cette forme florale est créée par sept cercles qui se chevauchent, parfois enfermés dans un huitième, comme on le voit ici.

Comme pour son symbole-mère, la Fleur de Vie, on peut retrouver cette géométrie dans des cristaux, des fleurs et des fruits. On a trouvé le symbole de la Graine de Vie dans de nombreux endroits, y compris les temples de l'Égypte ancienne, les églises médiévales anglaises, les croquis de Léonard de Vinci et la tombe d'un chevalier du Temple.

La Graine de Vie est associée aux sept jours de la création et aux sept jours de la semaine. Parce qu'elle entre dans la composition de la Fleur de Vie, la Graine de Vie représente plutôt le commencement d'un cycle de création. C'est la graine de la fleur, qui contient en elle le potentiel et l'énergie pour atteindre sa pleine floraison.

CUBE DE MÉTATRON

MOTS-CLÉS

Purification, Protection,
Connaissance ésotérique,
Sagesse, Spiritualité,
Lien avec les anges,
Annales akashiques

VIBRATION NUMÉRIQUE : 6, 13

CUBE DE MÉTATRON

HISTOIRE ET SYMBOLISME

Voici un autre symbole de géométrie sacrée qui contient en lui-même de nombreuses formes géométriques significatives sur le plan spirituel. On y trouve l'Étoile de David, le cercle, la Merkaba et le cube.

Le Cube de Métatron est souvent représenté en trois dimensions, mais sous sa forme en deux dimensions, comme ici, il contient treize cercles.

Cette forme géométrique complexe est nommée d'après l'Archange Métatron. C'est un ange puissant dont on dit qu'il enregistre toute l'histoire dans un livre sacré. L'Archange Métatron est associé à la connaissance et à la sagesse divines. On peut trouver dans ce symbole multidimensionnel les cinq solides platoniques. Un grand nombre des formes géométriques qui composent le Cube de Métatron sont considérées comme de puissants symboles de protection dans le monde entier.

CHAPITRE 4

OUTILS ET BASES POUR MANDALAS DE CRISTAUX

Quand vous commencerez à travailler avec les mandalas de cristaux, vous allez vite remarquer que certains cristaux sont utilisés très souvent. Une fois que vous aurez investi dans quelques-uns de ces alliés et outils cristallins, vous pourrez les utiliser aussi souvent que vous voulez.

Comprendre comment et pourquoi on se sert de différents types de cristaux dans certaines positions est très utile. Vous pourrez ainsi choisir la bonne forme ou la bonne taille pour vos cristaux. Les règles sont assez simples et faciles à mémoriser, car les cristaux utilisés dans les mandalas de cristaux peuvent être classés en trois catégories principales. Ce sont les pierres centrales, les pierres de soutien et les baguettes d'activation. Vous trouverez en illustration page suivante un exemple de deux d'entre elles.

Tous ces cristaux seront, pour la plupart, des pierres roulées polies et des pointes de cristal naturelles ou taillées et polies. Nous allons explorer tous ces types de formes de cristaux plus en détail dans ce chapitre.

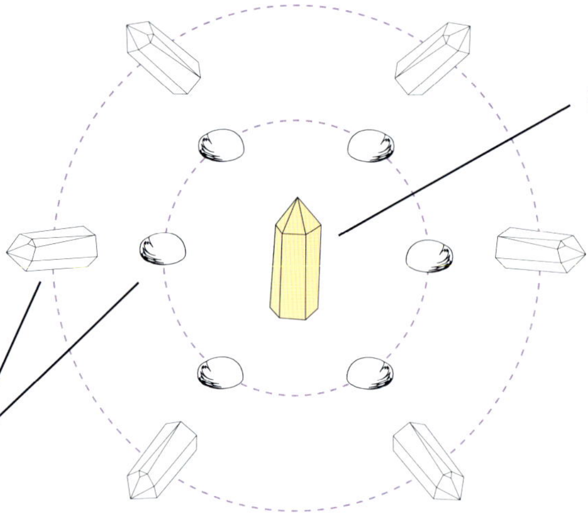

PIERRES CENTRALES

Presque tous les mandalas de cristaux qui figurent dans ce livre, et à peu près tous ceux que vous trouverez ailleurs, ont une sorte de pierre centrale. C'est le cristal qui est au centre exact du mandala. Ce cristal est important, car il représente le cœur même de l'objectif du mandala.

La pierre centrale est comme le moyeu et la source de pouvoir de tout l'agencement des cristaux. Sa fonction est de retenir le plan de tout le mandala de cristaux, et son intention. Elle transmet de l'énergie à tous les autres cristaux, puis dans tout l'Univers. La pierre centrale agit aussi comme une ancre pour les énergies du mandala de cristaux et pour votre intention.

Avec les mandalas de cristaux corporels, il y a rarement besoin d'une pierre centrale. Votre corps et votre aura sont comme le point focal du mandala. On peut parfois placer d'autres cristaux sur un chakra, ou sur plusieurs, pour y diriger les énergies. Avec les mandalas de cristaux de lieu, on se sert quelquefois d'une pierre centrale, mais pas toujours. Ces mandalas de cristaux se concentrent surtout sur les limites d'un espace, et donc les cristaux sont généralement placés sur le pourtour extérieur d'une zone.

Avec les mandalas réguliers de cristaux, la pierre centrale doit toujours être le plus gros cristal du mandala. La pierre centrale doit clairement ressembler au point focal de tout l'agencement de cristaux. Gardez bien ceci à l'esprit quand vous sélectionnez vos cristaux. Il est bon de savoir que certaines pierres centrales peuvent être utilisées pour n'importe quel mandala de cristaux. J'y viendrai sous peu. Dans mon expérience, certaines formations naturelles de cristaux et certains cristaux taillés font les meilleures pierres centrales. Ces formes fonctionnent vraiment très bien au cœur de votre mandala de cristaux et distribuent l'énergie de façon uniforme. Elles peuvent aussi dynamiser ou démultiplier l'énergie de tous les autres cristaux.

PIERRES CENTRALES RECOMMANDÉES

Voici ma liste de formes de cristaux puissantes et efficaces pour les pierres centrales. Ne vous inquiétez pas si certaines ne vous sont pas familières ; j'expliquerai ce qu'elles sont plus loin dans ce chapitre.

- POINTE DE CRISTAL VERTICALE
- POINTE GÉNÉRATRICE VERTICALE
- PYRAMIDE DE CRISTAL
- SPHÈRE DE CRISTAL
- CRISTAL ÉTOILE DE DAVID
- FLAMME DE CRISTAL
- CRÂNE DE CRISTAL
- CŒUR DE CRISTAL
- CRISTAL MERKABA

PIERRES DE SOUTIEN

Ce sont tous les cristaux utilisés dans la disposition du mandala de cristaux autres que la pierre centrale. Ces cristaux peuvent avoir n'importe quelle forme, être naturels ou polis, en position verticale ou allongée. Ils auront tendance à faire partie d'un groupe de cristaux de forme similaire du même type de pierre.

Dans un mandala de cristaux, on peut se servir d'un seul ensemble de pierres de soutien ou de plusieurs. Dans ce livre, quand il y en a plusieurs, les cristaux entourant la pierre centrale, dans la partie intérieure du mandala, seront appelés pierres intérieures de soutien. Tous les cristaux qui sont sur le pourtour extérieur du mandala seront appelés pierres extérieures de soutien. Le rôle de toutes les pierres de soutien est de soutenir le mandala de cristaux et la pierre centrale par leurs énergies additionnelles. Elles distribuent ces énergies dans l'ensemble du mandala. Vous pouvez considérer que ces cristaux sont comme les éléments de la carte mère du mandala de cristaux.

Les types de pierres de soutien les plus couramment utilisés sont les pierres roulées et les pointes de cristal. Les pierres de soutien en forme de pointes de cristal, qui pointent vers l'extérieur du bord du mandala, aident à envoyer les énergies et nos intentions dans l'univers et dans le monde qui nous entoure.

BAGUETTE D'ACTIVATION

C'est une baguette de cristal que vous pouvez utiliser pour activer votre mandala de cristaux. Le terme de baguette de cristal semble un peu sorti d'*Harry Potter*, mais en fait, c'est juste une grosse et longue pointe de cristal. Il peut s'agir d'une pointe de cristal naturelle ou d'une baguette de cristal taillée et polie. Il y a beaucoup de baguettes de cristal qui peuvent vous servir de baguette d'activation. Il vous faut un cristal avec des facettes et terminé par une pointe. Évitez ce qu'on appelle parfois des baguettes de massage, qui sont lisses, sans facettes, et dont le bout est arrondi. Il leur manque la concentration de type « laser » des autres baguettes de cristal.

Pour activer les mandalas de cristaux, utilisez du cristal de roche de préférence à toute autre pierre. Si vous choisissez une baguette d'activation parmi des cristaux que vous avez déjà, ou dans une boutique, tenez-la en main pour savoir l'impression qu'elle vous fait. Une bonne baguette d'activation doit vous donner une impression agréable dans la main, et avoir une énergie forte. Si vous en achetez une sur internet, alors suivez votre intuition. Vous devriez être guidé vers la baguette qui vous convient.

Les baguettes de cristal, comme toutes les autres formes de pointes de cristal, servent à diriger et à concentrer les énergies. Vous n'avez besoin que d'un de ces cristaux, qui pourra vous servir pour tous vos travaux avec vos mandalas de cristaux. Une baguette d'activation sert à programmer et à activer les mandalas de cristaux.

Cet outil n'est absolument pas essentiel, parce que je vais vous montrer trois méthodes différentes pour activer vos mandalas de cristaux. Deux d'entre elles se servent d'une baguette d'activation, mais pas la troisième. C'est une question de préférence personnelle. Vous voudrez peut-être attendre avant de décider si vous voulez investir dans une baguette de cristal, si vous n'en avez pas déjà une.

PIERRES ROULÉES

Ce sont les formes de cristaux les plus faciles à trouver, et les moins chères. Elles sont parfaites pour mettre autour de la pierre centrale comme pierres de soutien, et pour apporter les propriétés du minéral dont elles sont faites.

Ce sont juste des morceaux de cristal qui ont été polis par roulement. En raison de leurs formes variables, ces cristaux ne sont pas aussi efficaces pour diriger les énergies. Les pierres roulées envoient leurs énergies dans toutes les directions. Leur énergie peut aussi être dirigée par leur position géométrique dans le mandala de cristaux, ou par une pointe de cristal placée à proximité. Si une pierre roulée a une forme angulaire ou cylindrique, elle peut être utilisée de la même manière qu'une pointe de cristal.

Si vous travaillez avec un mandala de cristaux très simple, vous pouvez même utiliser une pierre roulée comme pierre centrale. Vous devez essayer de faire en sorte qu'elle soit plus grosse que les autres cristaux utilisés. Vous pouvez vous procurer des pierres roulées particulièrement grosses. Pour un résultat optimal, essayez l'une des formes de pierres centrales recommandées dans la liste ci-dessus.

POINTES DE CRISTAL

Ce sont des pierres qu'il est vraiment utile d'avoir ; on peut s'en servir pour former les motifs géométriques autour de la pierre centrale. On pose en général les petites pointes de cristal à plat sur le mandala, mais on peut aussi les mettre en position verticale. Les cristaux de cristal de roche, de citrine, de quartz fumé et d'améthyste poussent tous naturellement sous forme de pointes, et sont faciles à trouver.

L'avantage de ces formations de cristaux est qu'elles dirigent et concentrent les énergies à leur pointe, aussi appelée terminaison. Puisqu'ils créent des canaux où l'énergie peut passer, et d'où elle peut

sortir, ce sont des cristaux idéaux pour les mandalas de cristaux. Ils fonctionnent bien dans les lignes géométriques qui constituent les mandalas.

Vous pouvez vous procurer des pierres qui ont été taillées et polies selon cette forme, qui fonctionnent tout aussi bien. Des pointes de cristal naturelles ou taillées vous coûteront plus cher que des pierres roulées. Il est bon de mentionner que dans les pointes de cristal brutes naturelles, vous verrez beaucoup de défauts : elles n'auront pas l'air parfaites. Ceci ne diminue en rien leur efficacité pour diriger le courant d'énergie dans le mandala de cristaux.

GUIDE DES DIFFÉRENTES FORMES DE CRISTAUX

Dans cette section, je décris les principaux usages de différents cristaux taillés, gravés et en formation naturelle quand on s'en sert dans un mandala de cristaux. Comprendre comment fonctionnent différentes formes de cristaux vous aidera vraiment à choisir les cristaux que vous allez utiliser dans vos mandalas. C'est aussi une connaissance précieuse pour tout travail avec les cristaux ou en lithothérapie.

J'ai aussi suggéré quelques types de mandalas de cristaux auxquels certaines de ces formes sont adaptées. Pour vous faciliter les choses, surtout si vous découvrez les cristaux, j'ai ajouté quelques illustrations de ces différentes formes. Consultez le diagramme ci-dessous pour avoir une vue d'ensemble de ces formes de cristaux, et les identifier plus facilement.

FORMES DE CRISTAUX

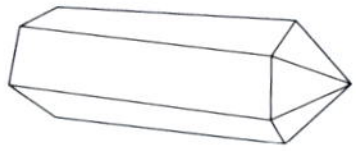

1 POINTE DE CRISTAL

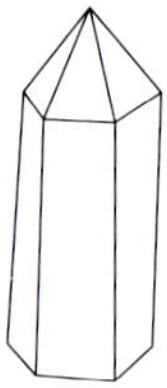

2 POINTE DE CRISTAL VERTICALE

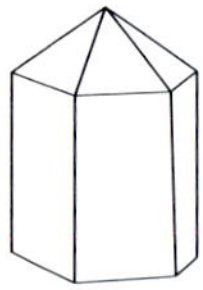

3 POINTE GÉNÉRATRICE VERTICALE

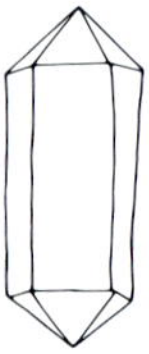

4 CRISTAL BITERMINÉ

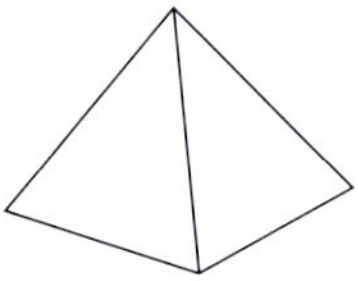

5 PYRAMIDE DE CRISTAL

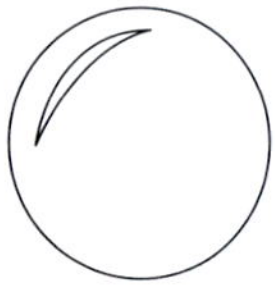

6 SPHÈRE DE CRISTAL

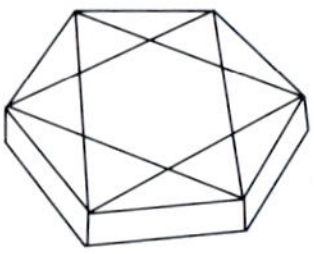

7 CRISTAL ÉTOILE DE DAVID

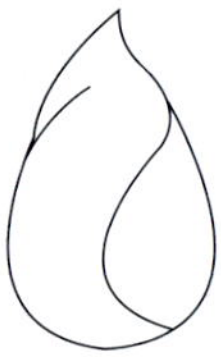

8 FLAMME DE CRISTAL

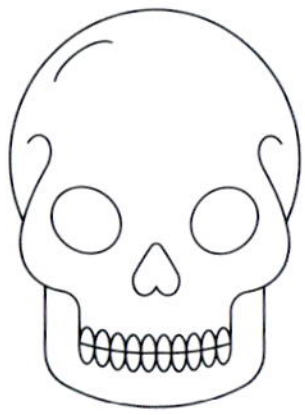

9 CRÂNE DE CRISTAL

10 CŒUR DE CRISTAL

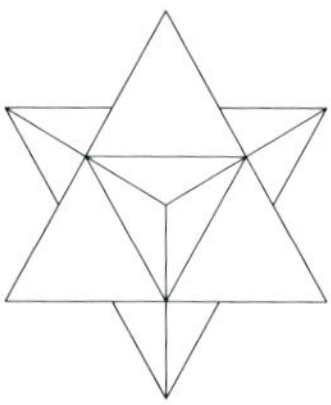

11 CRISTAL MERKABA

12 CRISTAL EN POINTE DE FLÈCHE

1. POINTE DE CRISTAL

C'est un cristal naturel ou taillé terminé par une seule pointe à l'une de ses extrémités. Si vous cherchez des pointes de cristal de quartz pour vos mandalas de cristaux, choisissez les plus transparentes. Ces cristaux dirigent et concentrent les énergies par leur terminaison. La base ou la racine du cristal peut aussi être utilisée pour absorber et drainer les énergies.

2. POINTE DE CRISTAL VERTICALE

C'est une pointe de cristal naturelle ou taillée, qui peut tenir naturellement en position verticale ou qui a été coupée à la base. On leur donne aussi parfois le nom de tour. Elles concentrent et font rayonner l'énergie vers le haut, ce qui en fait des pierres centrales idéales. Elles peuvent aussi être utilisées comme pierres de soutien pour augmenter l'énergie.

3. POINTE GÉNÉRATRICE VERTICALE

Une pointe génératrice est un cristal naturel ou taillé dont l'extrémité, ou terminaison, est entourée de six facettes triangulaires de même taille. La terminaison, vue du dessus, doit aussi être au centre du cristal. Les pointes de cristal taillées ont souvent cette forme.

Les pointes génératrices génèrent et transmettent les énergies, ce qui en fait d'excellentes pierres centrales.

4. CRISTAL BITERMINÉ

C'est une pointe de cristal naturelle ou taillée terminée en pointe aux deux extrémités. Ces cristaux particuliers envoient et reçoivent les énergies en même temps. Ils peuvent aussi servir à transmuter les énergies. Les cristaux biterminés sont de bonnes pierres de soutien pour relier deux autres cristaux dans un mandala de cristaux.

5. PYRAMIDE DE CRISTAL

Ces pierres taillées et polies ont en général quatre côtés et une base plate. Elles ancrent, dynamisent et concentrent l'énergie par leur pointe, ce qui en fait un bon choix pour une pierre centrale. On peut aussi utiliser de petites pyramides de cristal n'importe où dans le mandala. Elles fonctionnent bien dans les mandalas en forme de croix et de carré. Vous pouvez vous servir de pyramides dans tout mandala de cristaux conçu pour générer ou amplifier des énergies. Elles fonctionnent bien dans les mandalas pour manifester des choses ou équilibrer les énergies de la Terre.

6. SPHÈRE DE CRISTAL

Aussi appelée boule de cristal. C'est une pierre qui a été taillée et polie en une sphère parfaite. Vous aurez besoin d'un support pour la faire tenir en place sur le mandala. Il est parfois livré avec la sphère de cristal. Cette sphère concentre et dirige les énergies dans toutes les directions de façon uniforme, ce qui en fait de bonnes pierres centrales. Elles fonctionnent bien dans les mandalas pour la concentration, pour éveiller les aptitudes psychiques, ou pour la paix et l'harmonie.

7. CRISTAL ÉTOILE DE DAVID

C'est un cristal taillé et poli à multiples facettes. Il a une forme générale hexagonale, ses facettes formant une Étoile de David géométrique. Ces cristaux ne sont pas très faciles à trouver, mais ils font de très bonnes pierres centrales. En raison de leur géométrie, les Étoiles de David relient et dirigent les énergies dans de nombreuses directions au sein d'un mandala de cristaux. Elles travaillent bien dans les mandalas de cristaux hexagonaux. Elles sont efficaces dans les mandalas pour la protection, l'équilibre, l'unité ou pour trouver un but dans la vie.

8. FLAMME DE CRISTAL

C'est un cristal qui a été taillé en forme de flamme. Il a une base plate, et une forme en spirale. Les flammes de cristal ne sont pas communes, mais elles peuvent servir de pierre centrale. Elles génèrent et concentrent les énergies tout en les dirigeant vers le haut. Les énergies de l'élément feu sont aussi utiles pour transmuter les énergies. Les flammes de cristal fonctionnent bien dans les mandalas de cristaux conçus pour la purification, l'obtention de connaissance ou la stimulation de l'énergie.

9. CRÂNE DE CRISTAL

Ce sont des cristaux taillés en forme de crâne. Ils peuvent être chers, mais un crâne de petite taille est plus abordable. Les crânes de cristal vous apportent l'aide d'êtres spirituels comme vos guides ou vos ancêtres. Ils sont connus comme de puissantes pierres de guérison. Ils font aussi une bonne pierre centrale, surtout pour les mandalas de guidance, de connaissance, de protection et de guérison.

10. CŒUR DE CRISTAL

Il s'agit de cristaux taillés en forme de cœur. Ils irradient de l'énergie dans toutes les directions. Ils peuvent être utilisés soit comme pierre centrale ou, s'ils sont assez petits, comme pierres de soutien. Cette forme convient à tout mandala de cristaux axé sur l'amour, les relations, la paix ou la santé et la guérison.

11. CRISTAL MERKABA

C'est un cristal taillé selon la forme géométrique mystique appelée étoile Merkaba ou Merkaba. En géométrie, on la connaît aussi sous le nom d'étoile tétraèdre. Les cristaux Merkabas ont huit pointes pour diriger et concentrer leurs énergies dans de nombreuses directions différentes. Elles sont utilisées dans les mandalas de cristaux pour le développement spirituel, pour élever la vibration, affecter l'aura, pour la transformation personnelle et la protection.

12. CRISTAL EN POINTE DE FLÈCHE

On fabrique des pointes de flèche en pierre depuis la préhistoire, et cette tradition perdure encore aujourd'hui ; on les fait en détachant des éclats d'obsidienne. Si d'autres pierres peuvent être taillées ainsi, il est plus facile de se procurer de l'obsidienne. Les pointes de flèche en obsidienne dirigent les énergies par la pointe, et peuvent servir à donner une puissante protection psychique. Les cristaux en pointe de flèche peuvent aussi servir à couper le lien avec une personne ou une énergie nocive. Elles font aussi appel à votre guerrier intérieur. Ce sont de bonnes pierres pour les mandalas de cristaux pour la protection, le lâcher-prise, la force intérieure ou pour donner une direction à sa vie.

CRISTAUX RECOMMANDÉS POUR MANDALAS

Le cristal de roche est parfait pour tout mandala de cristaux. Ce cristal est un outil puissant pour les travaux de manifestation ou de guérison. Le cristal de roche est hautement programmable, ce qui signifie qu'il retient vos intentions. Ce cristal envoie et reçoit très bien l'énergie.

Le cristal de roche apporte concentration, clarté et puissance à tous vos mandalas de cristaux. Les deux formes de ce cristal indiquées ci-dessous se révéleront de précieux investissements pour tous vos mandalas de cristaux.

POINTES DE CRISTAL EN CRISTAL DE ROCHE

Vous devriez avoir un ensemble de 6, 8, ou dans l'idéal 12 pointes de cristal de roche. Essayez de trouver des cristaux qui ont approximativement la même taille, mais d'une longueur au moins égale à 4 cm. Vous pouvez aussi vous servir de pointes de cristal biterminées. Ces cristaux vont diriger, relier et dynamiser l'énergie des autres cristaux du mandala. Ils sont utilisés dans bon nombre des mandalas de cristaux figurant dans ce livre ; ils vous seront donc très utiles.

POINTE DE CRISTAL VERTICALE EN CRISTAL DE ROCHE

Ce cristal peut être utilisé dans tout mandala de cristaux de ce livre qui exige une pierre centrale. La pointe de cristal va faire rayonner vos intentions dans l'univers avec clarté. Elle va développer une puissante énergie pour alimenter vos mandalas de cristaux. Ceci va aussi amplifier et concentrer l'énergie de tous les autres cristaux du mandala. Vous pouvez utiliser l'un de ces cristaux à la place de la pierre centrale que je suggère, si celle-ci n'est pas disponible.

NOTE

Je me sers souvent de notes pour mes mandalas de cristaux. Vous pouvez écrire un bref résumé de votre intention sur un petit morceau de papier. Puis, pliez-le et mettez-le sous la pierre centrale. Ceci va confirmer votre intention sous forme physique, et contribuera à fixer et à concentrer le mandala de cristaux après qu'il aura été activé. J'ai ajouté une suggestion de déclaration d'intention pour chaque mandala de ce livre, qui peut vous servir de guide pour créer une affirmation écrite.

Beaucoup de gens ont le sentiment qu'écrire leurs buts et leurs intentions les aide. On a constaté que les gens qui mettent leur objectifs par écrit ont un taux de réussite plus élevé que ceux qui ne le font pas. Quel meilleur moyen que de placer votre intention écrite au centre de votre mandala de cristaux ? Vous pouvez vous servir de n'importe quel type de papier, post-it, parchemin ou papier de couleur. Évitez tout ce qui contient des mots imprimés ou des images qui ne sont pas en phase avec l'intention de votre mandala de cristaux. Comme cette note va faire partie de votre mandala de cristaux, vous devez la purifier en même temps que tous les cristaux et la mettre en place quand vous activez le mandala.

PHOTOGRAPHIES

Tout comme vous pouvez ajouter une note à votre mandala de cristaux, vous pouvez vous servir d'une photo pour représenter la personne pour laquelle vous avez fait le mandala. C'est une pratique courante pour les mandalas qui doivent agir à distance, par exemple pour la guérison ou la protection. Comme quand vous écrivez le nom d'une personne sur un morceau de papier, la photo contribuera à renforcer le lien entre le mandala et la personne pour laquelle il a été fait. Vous n'avez pas besoin de photo si votre mandala de cristaux est fait pour vous seul.

CHAPITRE 5

COMMENT PRÉPARER VOTRE MANDALA DE CRISTAUX

Avant de commencer à disposer vos cristaux, vous devez vous livrer à quelques préparatifs. Si vous connaissez un peu la lithothérapie, certaines de ces procédures vous seront tout à fait familières et vous voudrez peut-être passer directement aux méthodes d'activation des mandalas de cristaux, plus loin dans ce chapitre.

À chaque fois que vous créez un nouveau mandala de cristaux, vous devez travailler avec des cristaux qui ont été purifiés. Tout nouveau cristal peut aussi être consacré, comme je l'explique plus loin. C'est optionnel, mais c'est une bonne idée.

Vous devrez décider si vous voulez vous servir d'une méthode d'activation par baguette, de la méthode tout-en-un, qui est plus simple, ou d'une combinaison des deux. Toutes ces méthodes fonctionnent, tant que vous vous sentez à l'aise avec elles. La méthode d'activation par baguette est la plus connue, mais certaines personnes la trouvent un peu compliquée. Voyez ce que vous en pensez en la lisant.

Vous n'avez pas encore choisi le mandala de cristaux que vous allez utiliser, mais je veux que vous compreniez la procédure et que vous vous familiarisiez avec elle avant de commencer à vous servir de ce livre pour composer vos mandalas. Quand vous serez prêt à commencer à mettre en place un mandala de cristaux, vous pourrez revenir à ce chapitre et suivre les étapes ci-dessous.

PURIFIER VOS CRISTAUX

Vous devez vous servir de cristaux qui ont été purifiés et rééquilibrés sur le plan énergétique pour la création de mandalas de cristaux. Par purifiés, j'entends nettoyés de toutes les énergies auxquelles ils peuvent avoir été exposés pendant leur séjour dans un magasin, chez leurs précédents propriétaires, pendant un voyage, de vous-même, ou d'une utilisation précédente. Vous ne voulez pas que d'anciennes énergies ou intentions viennent brouiller ou déformer votre intention lorsque votre mandala de cristaux sera mis en place et activé.

Il y a bien des manières de purifier vos cristaux. Si vous avez déjà l'habitude de purifier vos cristaux, et si vous avez votre propre façon de faire, continuez de pratiquer ce qui fonctionne pour vous. Vous trouverez ici quelques options possibles. Personnellement, je ne vous recommande pas de vous servir d'eau, de lumière directe du soleil, ou de sel pour purifier vos cristaux, car tout ceci peut endommager certains minéraux. De même, par souci de facilité, les méthodes ci-dessous n'exigent pas que vous attendiez une date spéciale, comme la pleine lune. Servez-vous toujours de ce qui vous semble juste et qui fonctionne pour vous.

PURIFIER VOS CRISTAUX PAR L'ENCENS

Vous pouvez les faire passer dans la fumée d'un fagotin de sauge blanche séchée, aussi appelé Smudge Stick. Vous pouvez aussi les faire passer dans la fumée odorante d'un morceau de bois de Palo Santo ;

ou utiliser des encens purificateurs, par exemple, au bois de santal, à la sauge, ou du copal, du camphre, de l'oliban et de la myrrhe, ou encore tout autre mélange d'encens pour la purification.

Servez-vous toujours d'un récipient ignifugé ou d'un porte-encens. Allumez le bâtonnet d'encens ou le bois, et soufflez sur la flamme, pour que l'encens rougeoie. Faites passer les cristaux dans la fumée, avec l'intention de les purifier, à trois reprises, ou jusqu'à ce que vous ayez l'impression qu'ils sont nettoyés.

PURIFIER VOS CRISTAUX PAR LE SON SACRÉ

Vous pouvez aussi purifier vos cristaux en vous servant du son sacré. Vous pouvez vous servir d'un bol chantant tibétain, en mettant vos cristaux tout autour, mais pas dans le bol lui-même. Avec le petit maillet de bois, donnez un coup sec sur le côté du bol de métal, puis faites passer le maillet sur le bord du bol, dans le sens des aiguilles d'une montre, pour faire durer le son. Les cristaux devraient être nettoyés après une minute.

Pour une méthode plus simple, vous pouvez vous servir des Tingshas tibétains. Ce sont de petites cymbales de bronze gravées de dessins ou de mantras bouddhistes. Disposez vos cristaux devant vous sur une surface plane. Tenez les Tingshas par la corde qui les relie, de sorte qu'ils pendent l'un près de l'autre au-dessus de vos cristaux. Faites entrer en contact les bords des cymbales, fermement, de sorte qu'elles résonnent, et laisser le son s'éteindre tout seul. Répétez encore à deux reprises. Vos cristaux sont maintenant purifiés.

PURIFIER VOS CRISTAUX PAR LE POUVOIR DE LA PYRAMIDE

Si vous travaillez beaucoup avec des cristaux, une pyramide peut être un investissement utile. Les pyramides de cuivre, faites de barres ou de tuyaux de cuivre, peuvent servir pour purifier les cristaux. Elles doivent être fabriquées selon les proportions de la Grande Pyramide de Gizeh. Alignez l'un des côtés de la pyramide de cuivre sur le nord magnétique au moyen d'une boussole. Tout ce qu'il vous reste à faire, c'est de placer vos cristaux à l'intérieur de la pyramide de cuivre, bien au milieu. Vos cristaux devraient être purifiés et rééquilibrés en moins d'une heure ; vous pouvez aussi les y laisser toute une nuit.

PURIFIER VOS CRISTAUX PAR L'ÉNERGIE

Si vous pratiquez une forme ou une autre de guérison énergétique, vous vous servez peut-être déjà de cette méthode pour purifier des objets comme les cristaux. Il peut s'agir du Reiki, du Seichim, ou de tout autre système de guérison. En général, il faut tenir les cristaux des deux mains, tout en envoyant l'énergie de guérison dans les cristaux par l'intermédiaire des mains. Ces méthodes peuvent exiger un entraînement special, une initiation ou une mise en phase.

CONSACRER DE NOUVEAUX CRISTAUX

C'est toujours une bonne idée de consacrer de nouveaux cristaux. On parle aussi de bénédiction, et c'est en lien avec la programmation. En fait, la consécration n'est pas autre chose que l'établissement de votre intention que le cristal œuvre toujours pour le plus grand bien. Elle ajoute aussi une certaine protection à vos cristaux.

Comme vous vous servez de cristaux pour provoquer des changements, qui peuvent affecter autrui, vous devez vous assurer qu'il n'y a aucun risque que vous interfériez avec quelque chose, ou que vous ne fassiez empirer une situation. Ce sont des cas improbables, mais une consécration garantit qu'ils ne se produisent jamais. Et si jamais vous deviez vous en servir d'une façon qui ne serait pas tout à fait éthique, même avec de bonnes intentions, le cristal n'aurait alors que peu ou pas d'effet.

seule façon de mettre en place et d'activer un mandala de cristaux. Cette méthode populaire peut sembler compliquée à certaines personnes, et à ceux qui découvrent les mandalas de cristaux.

Ne vous inquiétez pas trop de savoir si vous faites les choses correctement. Au début, vous pouvez avoir l'impression de devoir faire des efforts pour vous souvenir de cette procédure, et elle peut ne pas vous sembler très naturelle. Comme toute chose, avec le temps, cette impression passera et vous développerez peut-être même vos propres techniques d'activation de mandalas. C'est juste un moyen de démarrer. C'est aussi pourquoi j'ajoute aussi dans ce livre une méthode plus simple, qui ne fait pas du tout appel à une baguette de cristal.

COMMENT ACTIVER UN MANDALA DE CRISTAUX AVEC UNE BAGUETTE D'ACTIVATION

1. Disposez correctement tous vos cristaux, et tout le reste de votre matériel, avant de commencer. Commencez par la pierre centrale et continuez vers l'extérieur.
2. Restez assis pendant quelques instants, en tenant votre baguette d'activation entre vos mains, les yeux clos. Prenez trois inspirations profondes, et déterminez votre intention de façon très claire.
3. Ouvrez les yeux. Tenez la baguette d'activation à deux mains. Dirigez la pointe de la baguette d'activation vers le sommet de la pierre centrale. Pour vous aider, vous pouvez visualiser un rayon de lumière partir de votre baguette d'activation et entrer dans la pierre centrale.
4. Concentrez-vous sur le résultat que vous désirez obtenir, par la visualisation et l'émotion. Voyez-le, et ressentez-le, comme étant déjà manifesté maintenant. Déclarez à haute voix, ou en vous-même, l'intention de votre mandala de cristaux. Vous pouvez utiliser celle que j'ai donnée avec chaque mandala de cristaux

de ce livre, ou créer la vôtre : « *Je programme ce mandala de cristaux pour...* » ou « *Je charge ce mandala de cristaux de...* » ou « *Je demande à ces cristaux de m'aider à...* ».

5. En restant concentré sur votre intention, tracez avec la baguette d'activation une ligne de la pierre centrale à l'une des pierres de soutien de la partie intérieure du mandala, puis revenez à la pierre centrale (voir le diagramme ci-dessous). Vous pouvez commencer par la pierre de soutien qui est au sommet, dans la position du 12 sur un cadran d'horloge. Si vous n'utilisez qu'un seul ensemble de pierres de soutien, passez à celles-ci. Répétez pour chacun des cristaux de ce groupe, dans le sens des aiguilles d'une montre. Vous pouvez visualiser les rayons de lumière relier les cristaux comme les rayons d'une roue.

6. Maintenant, dirigez la baguette d'activation sur ce groupe, ou cet anneau, de pierres de soutien, et reliez-les les unes aux autres. Tracez un cercle ou un carré, en fonction du motif du mandala de cristaux. Travaillez dans le sens des aiguilles d'une montre, jusqu'à revenir au premier cristal (voir le diagramme suivant). Commencez par la pierre de soutien qui est au sommet, dans la position du 12 sur un cadran d'horloge. Quelle que soit la forme du mandala, vous pouvez relier les pierres de soutien de façon circulaire, mais si vous préférez, vous pouvez aussi suivre le motif géométrique, comme le tracé d'une étoile. Si vous vous servez de pointes de cristal ou de pointes de flèche qui sont dirigées dans le sens antihoraire, vous pouvez procéder dans ce sens-là pour ces pierres.

7. Maintenant, répétez les étapes 5 et 6 pour les pierres extérieures de soutien du mandala, s'il y en a d'autres. Reliez chaque cristal à la pierre centrale ; puis reliez les unes aux autres les pierres de soutien de ce groupe, comme précédemment.

DIRECTIONS DE LA BAGUETTE D'ACTIVATION

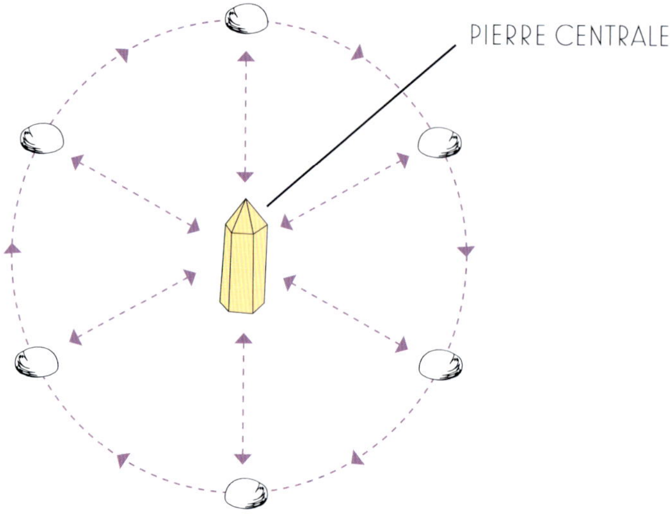

2. LA MÉTHODE TOUT-EN-UN

Cette méthode tout-en-un d'activation de mandala de cristaux, basée sur la programmation, est beaucoup plus simple. Elle est aussi tout à fait adaptée à l'activation de mandalas de cristaux de lieu et de mandalas de cristaux corporels. Vous n'avez besoin ni de baguette d'activation, ni de cristaux ou d'outils supplémentaires. Cette méthode est plus rapide et moins complexe. Comme il y a moins de choses auxquelles penser, certains la trouvent plus facile à utiliser ; mais en fait, vous avez le choix. Les deux méthodes fonctionnent.

Les cristaux ne sont pas reliés par le cristal d'activation, mais par votre intention. Ils sont activés lorsque tous ont été disposés selon le motif géométrique choisi. Cette méthode d'activation est la même que celle que vous utiliseriez pour programmer un cristal. Tout ce que vous avez à faire, c'est d'instruire les cristaux de votre intention pour le mandala de cristaux. Celle-ci est transférée directement de vous aux cristaux, sans passer par une baguette d'activation.

COMMENT ACTIVER UN MANDALA DE CRISTAUX PAR LA MÉTHODE TOUT-EN-UN

1. Tenez tous vos cristaux dans vos mains, si possible. Si non, travaillez par groupes.
2. Restez assis pendant quelques instants, les yeux clos. Prenez trois inspirations profondes, et déterminez votre intention de façon très précise.
3. Amenez les cristaux devant votre chakra du troisième œil, entre vos yeux et juste au-dessus.
4. Concentrez-vous sur le résultat que vous désirez obtenir, par la visualisation et l'émotion. Voyez-le, et ressentez-le, comme étant déjà manifesté maintenant. Déclarez à haute voix, ou en vous-même, l'intention de votre mandala de cristaux. Vous pouvez utiliser celle que j'ai donnée avec chaque mandala de cristaux de ce livre, ou créer la vôtre : « *Je programme ce mandala de cristaux pour...* » ou « *Je charge ce mandala de cristaux de...* » ou « *Je demande à ces cristaux de m'aider à...* ».
5. En dernier lieu, disposez vos cristaux pour former votre mandala. Commencez par la pierre centrale (s'il y en a une), puis travaillez vers l'extérieur.

3. LA MÉTHODE COMBINÉE

C'est une méthode de ma création, qui combine des éléments des deux méthodes précédentes, mais sous une forme simplifiée. Si vous avez tout de même envie de travailler avec une baguette d'activation, mais que vous trouvez la méthode d'activation par baguette un peu trop complexe, celle-ci peut mieux vous convenir. Vous allez vous servir d'une baguette de cristal pour programmer tout le mandala par le biais de la pierre centrale ; elle ne convient donc que pour les mandala réguliers de cristaux.

COMMENT ACTIVER UN MANDALA DE CRISTAUX PAR LA MÉTHODE COMBINÉE

1. Disposez correctement tous vos cristaux, et tout le reste de votre matériel, avant de commencer. Commencez par la pierre centrale et continuez vers l'extérieur.

2. Restez assis pendant quelques instants, en tenant votre baguette d'activation entre vos mains, les yeux clos. Prenez trois inspirations profondes, et déterminez votre intention de façon très claire.

3. Ouvrez les yeux. Tenez la baguette d'activation à deux mains. Dirigez la pointe de la baguette d'activation vers le sommet de la pierre centrale. Pour vous aider, vous pouvez visualiser un rayon de lumière partir de votre baguette d'activation et entrer dans la pierre centrale.

4. Concentrez-vous sur le résultat que vous désirez obtenir, par la visualisation et l'émotion. Voyez-le, et ressentez-le, comme étant déjà manifesté maintenant. Déclarez à haute voix, ou en vous-même, l'intention de votre mandala de cristaux. Vous pouvez utiliser celle que j'ai donnée avec chaque mandala de cristaux de ce livre, ou créer la vôtre : « *Je programme ce mandala de cristaux pour...* » ou « *Je charge ce mandala de cristaux de...* » ou « *Je demande à ces cristaux de m'aider à...* ».

RÉFLEXIONS SUR LA DISPOSITION D'UN MANDALA DE CRISTAUX

Disposez toujours vos mandalas de cristaux sur une surface plane, où ils ne risquent pas d'être déplacés. Laissez un peu d'espace à vos mandalas de cristaux, même vis-à-vis d'autres cristaux ou mandalas qui pourraient être à proximité. Évitez les zones qui sont susceptibles d'être encombrées de divers autres objets comme des clés, des téléphones, des lettres, des factures, des publicités, des magazines ou des boissons.

Ici, vous créez un espace sacré. Les autres objets à proximité peuvent non seulement déplacer des cristaux de votre mandala, mais aussi perturber son énergie très facilement. Pour la même raison, vous ne

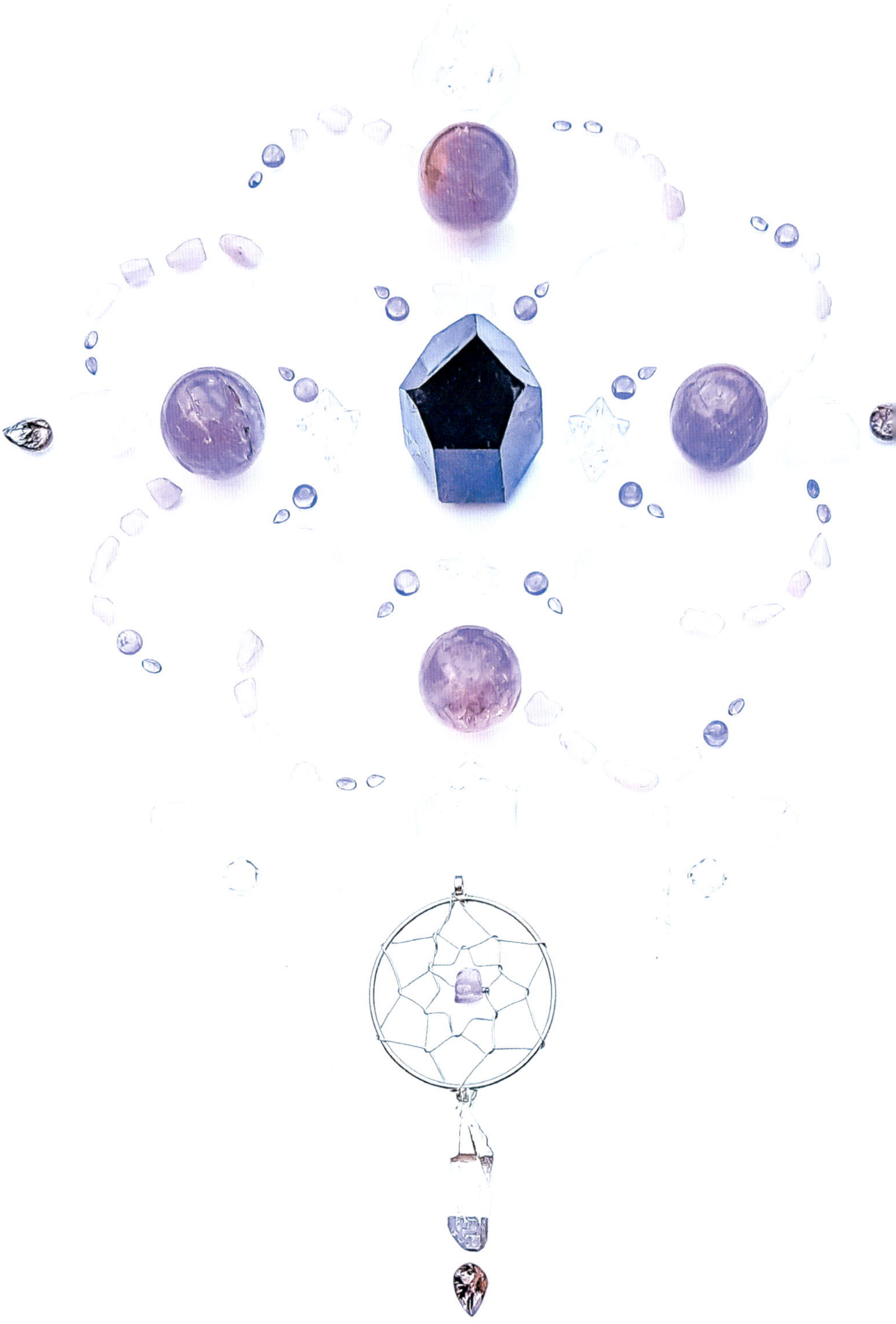

CHAPITRE 6

SOIN ET ENTRETIEN DE VOS MANDALAS DE CRISTAUX

Lorsque votre mandala de cristaux est mis en place et opératif, il va diffuser son énergie 24 heures sur 24 et 7 jours sur 7. Même si vous n'avez pas besoin de faire quoi que ce soit de plus, il y a tout de même certaines choses que vous devriez faire pour garantir le fonctionnement optimal de votre mandala.

ÉPOUSSETER LES MANDALAS DE CRISTAUX

Si vous laissez en place votre mandala de cristaux pendant au moins quelques semaines, vous verrez probablement de la poussière commencer à s'accumuler sur les cristaux. Quand vos cristaux sont poussiéreux, ils sont moins efficaces. La poussière est comme de l'énergie stagnante ; en nettoyant vos cristaux et la surface environnante, vous faites entrer en eux une énergie nouvelle. Si vous laissez beaucoup de poussière s'accumuler autour de votre mandala de cristaux, il pourrait même cesser de fonctionner.

Vous aurez peut-être l'impression que nettoyer un mandala de cristaux représente beaucoup de travail, mais il y a un moyen qui semble plus facile. Tout d'abord, il vous faut un chiffon à épousseter. Je vous conseille d'en utiliser un qui ne peluche pas. Je trouve que les chiffons les plus intéressants pour nettoyer les cristaux sont les chiffons doux en microfibre qu'on utiliser pour les lunettes, les téléphones et les ordinateurs. Vous pouvez aussi vous servir d'un chiffon prévu pour nettoyer des vitres ou du verre. Assurez-vous simplement qu'il ne contienne pas de produits chimiques et qu'il soit bien sec.

Voici un petit conseil. Il y a un moyen de déplacer les cristaux sans les mélanger. D'abord, enlevez les cristaux de la surface un par un, et mettez-les de côté, mais en reproduisant le schéma du mandala. Ainsi, vous pourrez plus facilement les remettre là où ils étaient. Vous pouvez aussi vous servir de ce livre comme d'un guide. Il vaut mieux remettre chaque cristal à l'emplacement exact où il se trouvait. Ainsi, le schéma énergétique est le même que quand vous avez composé le mandala.

Quand vous avez mis les cristaux de côté, nettoyez la surface ou la matrice sur laquelle ils étaient posés. Puis, un par un, nettoyez chaque cristal au moyen du chiffon doux sec. N'employez aucun produit de nettoyage sur vos cristaux. Une fois époussetés, vous pouvez remettre vos cristaux où ils étaient, sur la surface propre.

PURIFIEZ LES MANDALAS DE CRISTAUX

C'est quelque chose que vous pouvez faire si un mandala de cristaux est en place depuis plus d'un mois environ. Vous pouvez aussi décider de purifier à nouveau l'énergie de vos cristaux si vous sentez que votre mandala semble avoir perdu son efficacité.

Les cristaux sont des outils très sensibles, et quand ils sont placés dans votre maison, ils absorbent les énergies qui ne sont pas propices à leur intention d'origine. Quand vous purifiez les cristaux qui font partie d'un mandala de cristaux actif, vous ne supprimez pas le programme qui a été implanté en eux à l'origine, quand il a été activé. Ce procédé s'appelle la désactivation, et nous en parlerons plus tard.

Pour cela, vous n'avez pas besoin de déplacer les cristaux. Il est possible de purifier votre mandala de cristaux sans toucher les cristaux directement. Si vous avez une méthode de purification préférée, n'hésitez pas à l'employer. Il est beaucoup plus facile de se servir de fumigation par la sauge, par le Palo Santo, les Tingshas ou un bol chantant tibétain, car nous n'avez pas besoin de déplacer les cristaux. Avec l'encens, vous pouvez pousser la fumée vers le mandala de cristaux de la main ou avec une plume. Avec les Tingshas ou le bol tibétain, tenez-les simplement au-dessus du mandala de cristaux, puis faites-les résonner comme vous le feriez pour purifier vos cristaux ou une pièce.

PYRAMIDES DE CUIVRE

Je me sers de pyramides de cuivre pour purifier et rééquilibrer mes cristaux tout le temps. Les pyramides de cuivre concentrent les énergies, mais purifient et rééquilibrent aussi l'énergie de tout ce qui est placé en elles. Quand on combine des cristaux avec du cuivre, quelque chose de particulièrement magique semble se produire.

Les pyramides de cuivre sont des outils assez chers, mais elles peuvent vous éviter d'avoir à vous inquiéter de purifier un mandala de cristaux. Tout mandala de cristaux placé à l'intérieur d'une pyramide de cuivre sera purifié, et constamment protégé des énergies extérieures. Vous pouvez fabriquer vous-même ce type de pyramide si vous avez les bons outils, ou si vous connaissez quelqu'un qui sait souder. Dans l'idéal, vous devez respecter les dimensions de la Grande Pyramide de Gizeh, pour un effet optimal. Les proportions de la Grande Pyramide comportent des angles très particuliers, qui sont en rapport avec la géométrie sacrée et la Terre.

Il vous faudra une pyramide de cuivre assez grande pour recouvrir entièrement le mandala de cristaux. Pour qu'une pyramide de cuivre fonctionne, vous devez aligner l'une de ses quatre faces triangulaires avec le nord magnétique. Ceci charge la pyramide et la relie au réseau énergétique et au champ magnétique de la Terre.

DÉSACTIVER UN MANDALA DE CRISTAUX

Lorsque vous n'avez plus besoin d'un mandala de cristaux, vous pouvez le désactiver et vous servir des cristaux pour autre chose. Il est vital de purifier et de déprogrammer tous les cristaux. Ils contiennent vos intentions, qui pourraient interférer avec leurs utilisations futures. Ceci pourrait avoir des effets perturbateurs sur les autres mandalas de cristaux dans lesquels vous pourriez les intégrer.

Les cristaux continuent de remplir leur fonction jusqu'à ce que vous leur disiez d'arrêter. C'est comme un signal radio qui continue d'émettre. Quand vos cristaux ont accompli leur tâche, vous pouvez vous servir de la méthode ci-dessus pour désactiver le mandala. Elle va purifier et déprogrammer tous les cristaux et tous les autres objets utilisés. Bien sûr, vous pouvez modifier cette technique et utiliser votre méthode de purification préférée.

COMMENT DÉSACTIVER UN MANDALA DE CRISTAUX

1. Commencez par retirer tous les cristaux de leur emplacement dans le mandala de cristaux, ainsi que tout autres objets que vous avez placés avec eux.

2. Tenez tous les cristaux et objets ensemble entre vos mains si possible. Sinon, vous pouvez procéder par groupes. Fermez les yeux, et prenez trois inspirations profondes.

3. Maintenant, visualisez un rayon de pure lumière blanche descendre dans votre chakra coronal (au sommet de votre tête) et jusqu'à votre chakra cardiaque (au centre de votre poitrine), puis passant dans vos bras et dans vos mains.

4. Dans l'œil de votre esprit, voyez cette lumière blanche universelle emplir et entourer les cristaux.

5. Concentrez-vous sur la purification de tout le mandala tout en disant, à voix haute ou en vous-même : *« Je purifie ces cristaux de toute énergie négative, déséquilibrée, ou basée sur la peur, et je les rééquilibre, maintenant ! »*

6. Puis, dites : *« J'efface et je retire tous les anciens schémas et tous les anciens programmes stockés dans ce mandala de cristaux, maintenant ! »*

7. Quand vous sentez que c'est fait, rouvrez les yeux.

Lorsque vous aurez fait ceci, vos cristaux et tous les autres objets seront complètement nettoyés et désactivés. Tout est prêt à être rangé pour le moment, ou réutilisé pour d'autres mandalas de cristaux, tout de suite ou quand vous le souhaiterez à l'avenir.

CHAPITRE 7

DYNAMISER VOS INTENTIONS

Maintenant que vous savez comment préparer, activer et entretenir un mandala de cristaux, voici quelques autres choses que vous pouvez faire. Une fois que votre mandala de cristaux est installé, vous voudrez peut-être dynamiser ses effets et emporter avec vous l'énergie de votre mandala. Voici quelques moyens optionnels qui vous aideront à atteindre vos objectifs ou qui vous soutiendront dans votre voyage.

Plus vous vous concentrez sur un but, ou sur quelque chose que vous essayez de manifester, plus il y a de chances que vous le voyiez se produire. Pour l'instant, le mandala de cristaux est un rappel de votre intention, mais il n'est pas transportable. Certaines personnes ont besoin de rappels tout au long de la journée. Certains ont besoin de se concentrer chaque jour pour les aider à entreprendre les bonnes actions et à se motiver.

Ce chapitre va vous donner des moyens d'utiliser les cristaux dans votre champ d'énergie personnel, ou aura. Il vous proposera aussi d'autres outils pour votre esprit, qui peuvent vous aider à atteindre vos buts. Pensez au rapport qu'il peut y avoir entre ces outils et l'intention qui sous-tend votre mandala de cristaux.

Comment pouvez-vous utiliser une ou plusieurs de ces techniques dans votre vie quotidienne pour rester sur le chemin qui mène au résultat que vous désirez ?

CRISTAUX DE POCHE

On trouve des cristaux de toute taille et de toute forme. Les pierres roulées sont l'un des moyens les plus faciles et les plus abordables pour vous servir du pouvoir des cristaux au quotidien. Vous pouvez aussi vous servir de petites pointes de cristal ou de pierres anti-stress. Il s'agit de petites pierres plates polies de forme ovale, avec un renfoncement où vous pouvez facilement placer votre pouce.

Regardez les cristaux qui composent votre mandala de cristaux. Ils s'alignent tous avec votre intention et vous soutiennent dans votre voyage. On se sert en général de cristal de roche pour n'importe quelle intention, parce qu'il est hautement programmable. J'indique certaines des propriétés clés des cristaux pour chaque mandala, pour vous aider à choisir un cristal. Vous constaterez peut-être que vous êtes déjà naturellement attiré par l'un des cristaux du mandala. Vous pouvez aussi vous servir de l'une des pierres de remplacement que je propose pour le mandala, si vous préférez.

Quand vous aurez choisi un cristal, vous devrez le protéger en le mettant dans un petit sachet fermé par un lacet. Choisissez un matériau doux, du velours ou du cuir. Quand vous achetez des cristaux sur internet, ils sont souvent livrés avec un sachet cadeau d'organza, dont le tissu a des mailles fines. Ils sont jolis, mais ne protégeront pas votre cristal quand vous le portez sur vous.

Vous pouvez garder ce cristal sur vous en le mettant dans votre poche ou dans votre sac, votre porte-monnaie ou votre portefeuille. Certaines femmes ne se servent pas de sachet, et mettent la pierre roulée au fond de leur soutien-gorge. Quand vous portez sur vous régulièrement des cristaux, ils absorbent toutes sortes d'énergies venant de vous, donc vous devrez les nettoyer au moins plusieurs fois par semaine pour qu'ils continuent de fonctionner à leur niveau optimal. Ceci s'applique à tous les autres usages des cristaux dans ce chapitre.

Il peut être utile que le cristal que vous choisissez soit également chargé de votre intention. Les cristaux travailleront pour vous malgré tout, mais j'ai constaté que quand vous programmez un cristal, vous lui donnez la concentration d'un rayon laser. La procédure est similaire à celle que j'ai indiquée pour activer votre mandala de cristaux. Voici une méthode pour programmer tout cristal pour votre intention. Elle peut aussi être utilisée pour les autres options visant à dynamiser vos mandalas de cristaux dans ce chapitre.

La programmation va imprimer votre énergie et votre intention dans le cristal. Quand vous programmez un cristal, vous communiquez clairement votre intention, pour qu'il puisse vous aider. Ceci ne limite en rien le cristal. Vous ne lui dites pas « comment » vous voulez qu'il vous aide. Ici aussi, vous pouvez composer votre propre déclaration d'intention, ou vous servir de celle que j'indique avec le mandala de cristaux que vous utilisez.

COMMENT PROGRAMMER UN CRISTAL

1. Tenez entre vos mains votre cristal (ou vos cristaux) purifié.
2. Restez assis quelques instants, les yeux clos. Déterminez votre intention de façon très claire.
3. Amenez le cristal devant votre chakra du troisième œil, entre vos yeux et juste au-dessus.
4. Concentrez-vous sur le résultat désiré. Déclarez votre intention à voix haute, ou en vous-même. Vous pouvez vous servir de celle que j'ai indiquée avec chacun des mandalas de cristaux de ce livre, ou composer la vôtre : « *Je programme ce cristal pour...* » ou « *Je charge ce cristal de...* » ou « *Je demande à ce cristal de m'aider à...* ».

SACHETS ET POCHETTES À CRISTAUX

Vous avez peut-être envie de porter plus d'un cristal ? Ou bien, vous voulez avoir avec vous un exemplaire de chacun des différents cristaux utilisés dans votre mandala de cristaux partout où vous allez ? C'est possible aussi.

Comme vous allez mettre ensemble un groupe de cristaux, il vaut mieux vous servir de pierres roulées polies. Elles risquent moins d'être endommagées ou de se fragmenter. Décidez quelles pierres vous voulez ajouter dans votre sachet à cristaux. Puis, choisissez un sachet à lacets fait d'un matériaux doux pour les protéger.

Purifiez-les, et programmez-les éventuellement de votre intention. Vous pouvez purifier et programmer tous les cristaux que vous avez choisis en même temps. Comme pour les cristaux de poche, vous pouvez emporter le sachet partout avec vous. Si vous ajoutez une pierre roulée de cristal de roche, elle va aussi dynamiser les énergies de toutes les autres pierres.

Certaines personnes préfèrent ajouter d'autres objets symboliques ou des plantes dans ces sachets, mais ce n'est pas essentiel. On appelle parfois ceci un sac médecine, et vous pouvez même le porter autour du cou.

POINTES DE CRISTAL DE ROCHE

Comme les pointes de cristal de roche sont bonnes pour programmer et concentrer les énergies, elles font de bons cristaux de poche. Vous n'aurez besoin que d'une petite pointe de cristal ; mais évitez les cristaux trop petits, fragiles ou très fins, car ils sont susceptibles de se fêler ou de s'abîmer. Ce sera un cristal personnel que vous aurez avec vous tout le temps, donc choisissez-en un qui vous plaise et vous fasse bonne impression.

Purifiez et programmez le cristal pour vos besoins et votre intention si vous voulez. Mettez-le dans un petit sachet de protection à lacet, comme pour tout cristal de poche. Certains préfèrent ne porter que des pierres roulées, car elles sont plus faciles à mettre dans la poche. Vous pouvez aussi utiliser une pointe de cristal sous la forme d'un pendentif porté autour du cou, comme un collier.

BIJOUX EN CRISTAL

On porte des bijoux en cristal pour leurs pouvoirs occultes depuis des milliers d'années. Vous avez peut-être déjà quelque chose que vous pouvez porter, et qui inclut l'un des cristaux de votre mandala de cristaux. Un grand nombre des cristaux qui figurent dans ce livre existent sous forme de bijoux pour homme et pour femme. Choisissez quelque chose que vous porterez tous les jours, pendant que votre mandala de cristaux fonctionne. Comme précédemment, choisissez vos pierres parmi les cristaux utilisés dans votre mandala de cristaux, ou parmi celles qui peuvent s'y substituer.

Vous pouvez facilement porter des cristaux en bracelet ou en collier dans votre vie de tous les jours. Pour bien des gens, les bijoux ont des significations symboliques. Donc, si vous décidez de vous procurer un nouveau bijou pour travailler avec votre mandala de cristaux, il vous rappellera toujours votre intention. Un bijou en cristal n'a pas besoin d'être visible pour fonctionner ; vous pouvez donc porter un collier discret.

Un bijou en cristal fonctionnera aussi comme n'importe quel cristal personnel. Il vous donnera accès à l'énergie du cristal pendant que vous le porterez sur votre corps et dans votre aura. Assurez-vous simplement de purifier vos bijoux, et pensez à les programmer pour votre intention spécifique.

AFFIRMATIONS

Nous allons maintenant étudier d'autres moyens de travailler avec le pouvoir de votre mandala de cristaux et de le dynamiser. En général, une affirmation est une déclaration positive faite à voix haute ou en pensée. Elle ressemble à un mantra quand elle est prononcée à de multiples reprises ; par groupes de trois ou dix répétitions, ou sans cesse, à d'innombrables reprises.

L'idée est que les affirmations aident à reprogrammer votre état d'esprit par le biais du subconscient. Les pensées négatives, et le monologue de l'ego, ne nous affectent pas. Si vous vous dites que vous ne pouvez pas faire quelque chose, avec le temps, vous commencerez à le croire. Vous pouvez voir les affirmations comme un moyen de contrecarrer ce phénomène, ou de reprogrammer votre esprit. On se sert aussi d'affirmations pour favoriser la manifestation de choses par l'intention concentrée.

Les affirmations ne sont pas pour tout le monde, mais beaucoup s'en servent avec succès. Vous pouvez créer vos propres affirmations ou en trouver sur internet qui sont en alignement avec le changement que vous voulez voir se produire dans votre vie. Répétez-les pendant quelques minutes chaque matin, et/ou avant de vous coucher. À tout le moins, elles vous aideront certainement à rester concentré sur votre objectif.

VISUALISATION

La visualisation est une autre technique de méditation souvent utilisée pour provoquer des changements et manifester différentes choses. Comme tout ce que vous trouverez dans ce livre, elle ne fera pas le travail à votre place. La visualisation est un moyen puissant de concentrer l'esprit sur le résultat final. Elle développe l'énergie créatrice, ce qui contribuera à attirer le résultat que vous désirez.

Certains ont du mal à croire que nos pensées peuvent réellement créer notre réalité. Ce livre était lui-même une pensée au départ, une idée dans ma tête. Je l'ai mis en mots, puis j'ai dessiné le croquis d'une couverture dans un carnet. Et le voici, bien des mois plus tard, dans la réalité physique. Avoir une vision claire de ce que vous voulez ne peut que vous aider.

Vous voudrez peut-être ajouter une visualisation à votre routine du lever ou du coucher. Concentrez-vous sur ce que vous voulez obtenir avec votre mandala de cristaux. Vous pouvez peut-être même rester assis près du mandala de cristaux et méditer pendant quelques minutes chaque jour sur votre intention. Essayez de voir et de ressentir ce que cela serait d'avoir maintenant le résultat que vous voulez. Si vous pouvez aussi ressentir à quel point cela vous ferait vous sentir bien, vous allez ainsi charger vos visualisations encore plus. Vous pouvez aussi combiner ceci avec des affirmations. Les mots peuvent également vous aider à empêcher votre esprit de vagabonder. S'il le fait, ramenez-le simplement à votre intention d'origine.

TABLEAU DE VISUALISATION

Un tableau de visualisation est un ensemble d'images et de mots reliés à vos objectifs et vos aspirations. Vous pouvez chercher des images sur internet, ou vous servir de catalogues et de magazines. Il vous faut des images qui représentent le résultat que vous désirez. Vous pouvez aussi inclure sur votre tableau de visualisation beaucoup de citations et d'affirmations stimulantes.

Lorsque vous avez trouvé les images que vous voulez, imprimez-les si besoin, et épinglez-les ou collez-les sur un grand carton ou sur un tableau de liège, comme pour faire un collage. Vous pouvez l'enrichir ou le modifier au fil du temps. Même si les tableaux de visualisation sont en général un assemblage de nombreux objectifs, vous pouvez en faire de plus petits et de plus concentrés.

Dans l'idéal, vous devrez suspendre cette représentation visuelle quelque part où vous la verrez chaque jour. Le tableau de visualisation vous aide à rester motivé et concentré sur votre objectif. Regardez-le à chaque fois que vous avez besoin de vous rappeler de ce que vous voulez manifester. Il peut aussi vous donner des idées de visualisations, ou vous servir de point focal dans vos méditations.

DÉPROGRAMMER DES CRISTAUX

Avant d'aller plus loin, je veux vous indiquer quelque chose que beaucoup de livres ne mentionnent jamais. Si vous avez programmé un cristal ou un bijou en cristal, vous pouvez aussi le déprogrammer à tout moment. Une fois que vous avez terminé de travailler avec votre pierre, vous pouvez la nettoyer de tout programme et de toute intention qu'elle porte en suivant les étapes ci-dessous.

Ce procédé est similaire à la désactivation d'un mandala de cristaux. C'est quelque chose que vous souhaiterez certainement faire après que votre mandala de cristaux aura terminé son travail et que tous les cristaux auront été rangés. Réunissez tous les cristaux ou les bijoux programmés que vous avez portés et commencez par les purifier.

COMMENT DÉPROGRAMMER UN CRISTAL

1. Tenez entre vos mains votre cristal (ou vos cristaux) ou votre bijou purifié.
2. Amenez-le devant votre chakra du troisième œil, entre vos yeux et juste au-dessus.
3. Dites à voix haute ou en vous-même : *« J'annule, je nettoie et j'efface de ce cristal tout programme et toute intention antérieurs, maintenant ! »*

être une pointe de cristal verticale ou tout autre type de pierre centrale recommandé. Vous pouvez aussi vous servir d'une pierre roulée de taille grosse ou moyenne. J'ai aussi indiqué quelques autres cristaux possibles pour la pierre centrale, pour vous donner davantage d'options.

Vous pouvez vous servir de ce mandala de cristaux quand vous êtes pressé. Il peut vous falloir du temps pour trouver tous les cristaux nécessaires pour les mandalas de cristaux plus complexes du chapitre suivant de ce livre. Entre temps, vous pouvez mettre en place un mandala de ce type. Lorsque vous aurez imprimé la matrice de la Fleur de Vie à partir du lien ci-dessous, et que vous aurez trouvé six pointes de quartz, vous n'aurez qu'un seul autre cristal à trouver.

Ces mandalas de cristaux sont faciles et rapides à faire, et ils sont efficaces. Ils ne sont peut-être pas aussi puissants que les autres mandalas de cristaux complexes, simplement parce qu'ils ne se servent pas d'autant de types de cristaux différents. Davantage de cristaux font intervenir davantage de types d'énergie pour vous aider, ce qui augmente aussi la synergie. Essayez ces mandalas et voyez ce que vous en pensez ; vous constaterez peut-être qu'ils fonctionnent tout aussi bien pour vous. Ils sont parfaits pour les fois où vous avez un imprévu et devez mettre en place un mandala de cristaux en urgence. Si vous voulez voir des photos qui montrent des exemples de mandalas de cristaux terminés tirés de ce livre, consultez la page « Resources » de mon site web, dans la section « crystal grids » (Mandalas de cristaux).

La **« Matrice de mandala de cristaux A »** est utilisée pour tous ces mandalas simples, et vous pouvez la trouver dans le fichier de matrices de mandala de cristaux ci-dessous. Imprimez-la sur du papier cartonné de bonne qualité, si vous voulez que votre matrice dure longtemps. Si vous n'avez pas accès à une imprimante, la Fleur de Vie est probablement la matrice de mandala de cristaux la plus facile à trouver, et un investissement très utile.

Merci de ne partager ce lien avec personne. Si pour une raison ou une autre il ne fonctionne pas, attendez quelques heures et essayez à nouveau. S'il ne fonctionne toujours pas, merci de me contacter par mon site internet, par email ou sur les réseaux sociaux.

www.ethanlazzerini.com/grid-templates

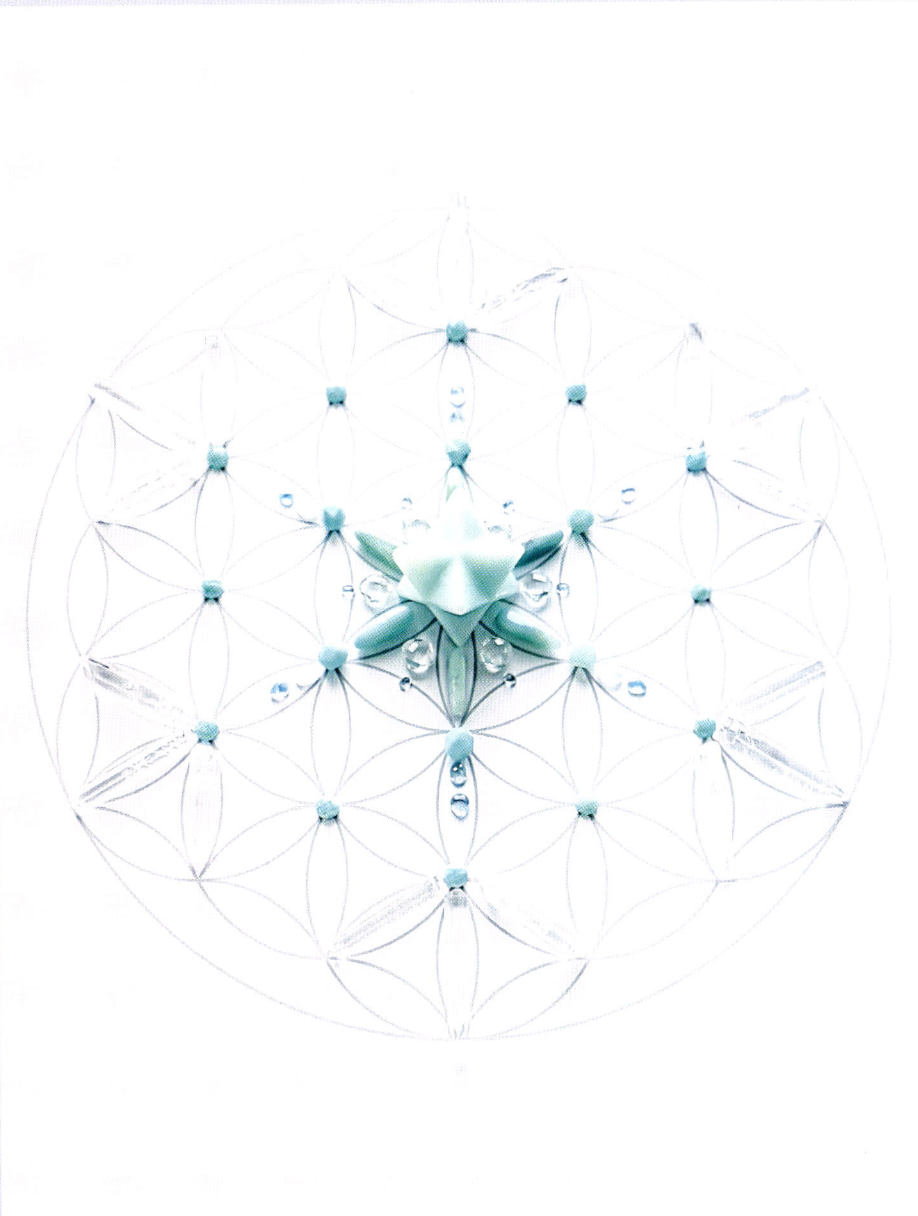

MANDALA DE CRISTAUX ÉLÉMENTAIRE
(GUÉRISON)

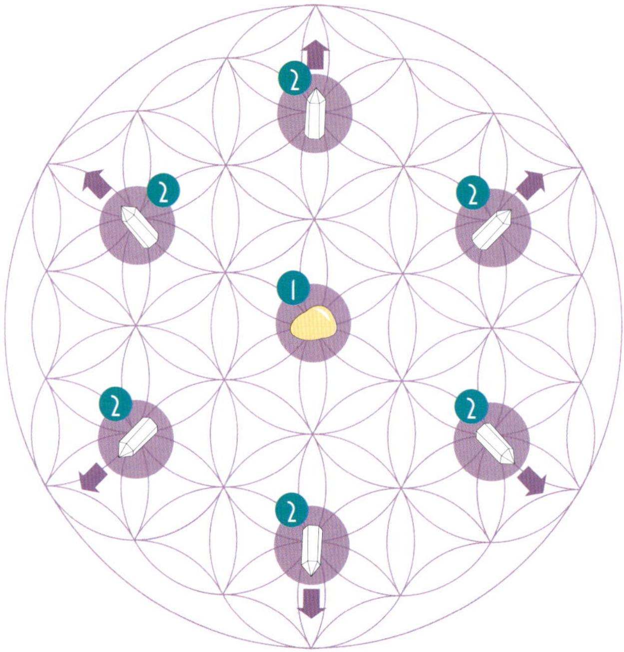

MANDALA DE CRISTAUX ÉLÉMENTAIRE POUR L'ABONDANCE

C'est un mandala de cristaux tout simple pour créer abondance, prospérité et richesse. Vous pouvez vous en servir pour contribuer à augmenter vos rentrées d'argent. Il peut vous mener à de nouvelles façons d'augmenter vos revenus ou de les rendre plus stables. Mettez par écrit une affirmation de votre intention. Pliez ce morceau de papier, et placez-le sous la pierre centrale.

Conseil : vous pouvez aussi vous servir d'une image pour illustrer le type d'abondance que vous voulez manifester. Mettez-la avec la note sous la pierre centrale.

CRISTAUX UTILISÉS

- 1 citrine, grosse ou moyenne
- 6 pointes de cristal de roche

MATRICE DE MANDALA RÉGULIER DE CRISTAUX : A

SIGNIFICATION DE LA GÉOMÉTRIE SACRÉE

La Fleur de Vie apporte son soutien à tous les objectifs, et relie à l'univers entier. C'est un outil de manifestation.

1 PIERRE CENTRALE : CITRINE

En position 1, au centre du mandala, placez une citrine grosse ou moyenne. La citrine attire l'abondance et contribue à créer un état d'esprit propice à la réussite. Vous pouvez substituer à ce cristal de la jadéite, du jade vert, de l'aventurine verte ou de la pyrite.

2 PIERRES DE SOUTIEN : CRISTAL DE ROCHE

En position 2, disposez les six pointes de cristal de roche, dirigées vers l'extérieur. Les cristaux de cristal de roche vont concentrer, diriger et amplifier les énergies et l'intention du mandala.

DÉCLARATION D'INTENTION

« Je programme ce mandala de cristaux pour attirer dans ma vie abondance et prospérité. »

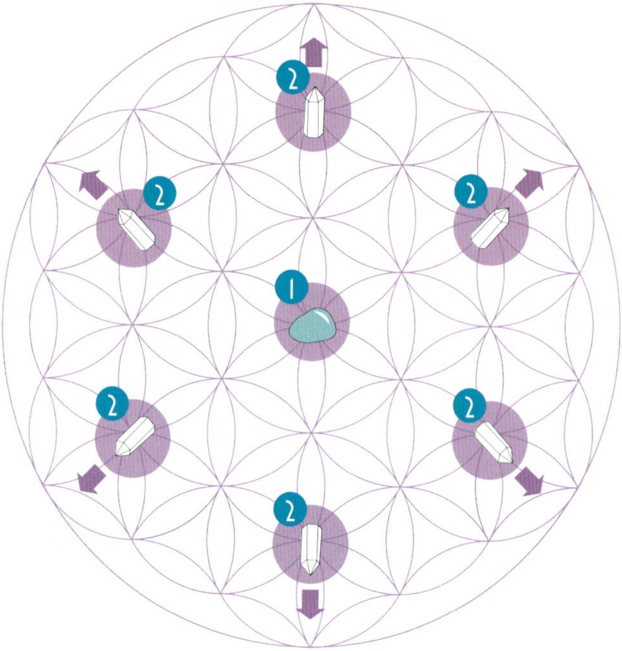

MANDALA DE CRISTAUX ÉLÉMENTAIRE POUR LA GUÉRISON

C'est un mandala de cristaux très simple pour apporter une meilleure santé, le bien-être et pour contribuer au processus de guérison. Vous pouvez utiliser ce mandala sur vous-même ou sur une autre personne qui a besoin de guérison, partout dans le monde. Rédigez une affirmation de votre intention, en y incluant le nom de la personne à guérir sur un petit morceau de papier. Pliez-le et placez-le sous la pierre centrale.

Conseil : vous pouvez aussi placer une photo de la personne en bonne santé avec la note sous la pierre centrale.

CRISTAUX UTILISÉS

- 1 amazonite, grosse ou moyenne
- 6 pointes de cristal de roche

MATRICE DE MANDALA RÉGULIER DE CRISTAUX : A

SIGNIFICATION DE LA GÉOMÉTRIE SACRÉE

La Fleur de Vie apporte son soutien à tous les objectifs, et relie à l'univers entier. C'est un outil de manifestation.

1 PIERRE CENTRALE : AMAZONITE

En position 1, au centre du mandala, placez une amazonite de taille grosse ou moyenne. L'amazonite apporte une énergie de guérison et équilibre votre aura. Vous pouvez substituer à ce cristal une héliotrope, une améthyste chevron (aussi appelée améthyste rubanée), ou un quartz à âme.

2 PIERRES DE SOUTIEN : CRISTAL DE ROCHE

En position 2, disposez les six pointes de cristal de roche, dirigées vers l'extérieur. Les cristaux de cristal de roche vont concentrer, diriger et amplifier les énergies et l'intention du mandala.

DÉCLARATION D'INTENTION

« Je programme ce mandala de cristaux pour rendre la santé et apporter la guérison à..., si c'est pour son plus grand bien. »

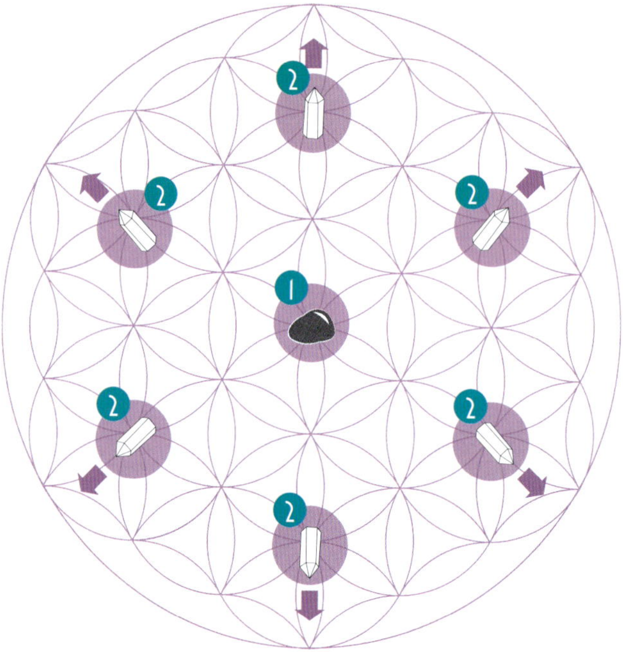

MANDALA DE CRISTAUX ÉLÉMENTAIRE POUR LA PROTECTION

C'est un mandala de cristaux simple et rapide pour la protection psychique générale. Servez-vous-en pour vous protéger ou pour protéger un membre de votre famille ou quelqu'un qui a demandé votre aide. Rédigez sur un petit morceau de papier une affirmation de votre intention, en y incluant le nom des personnes à protéger. Pliez-le et placez-le sous la pierre centrale.

Conseil : si vous faites ce mandala pour quelqu'un d'autre, vous pouvez aussi utiliser une photo de cette personne. Placez-la avec la note sous la pierre centrale.

CRISTAUX UTILISÉS

- 1 hématite, grosse ou moyenne
- 6 pointes de cristal de roche

MATRICE DE MANDALA RÉGULIER DE CRISTAUX : A

SIGNIFICATION DE LA GÉOMÉTRIE SACRÉE

La Fleur de Vie apporte son soutien à tous les objectifs, et relie à l'univers entier.

1 PIERRE CENTRALE : HÉMATITE

En position 1, au centre du mandala, placez une hématite de taille grosse ou moyenne. L'hématite bloque et neutralise les énergies nocives, et elle renforce l'aura. Vous pouvez substituer à ce cristal une tourmaline noire ou une obsidienne noire.

2 PIERRES DE SOUTIEN : CRISTAL DE ROCHE

En position 2, disposez les six pointes de cristal de roche, dirigées vers l'extérieur. Les cristaux de cristal de roche vont concentrer, diriger et amplifier les énergies et l'intention du mandala.

DÉCLARATION D'INTENTION

« Je programme ce mandala de cristaux pour qu'il protège... de tout mal. »

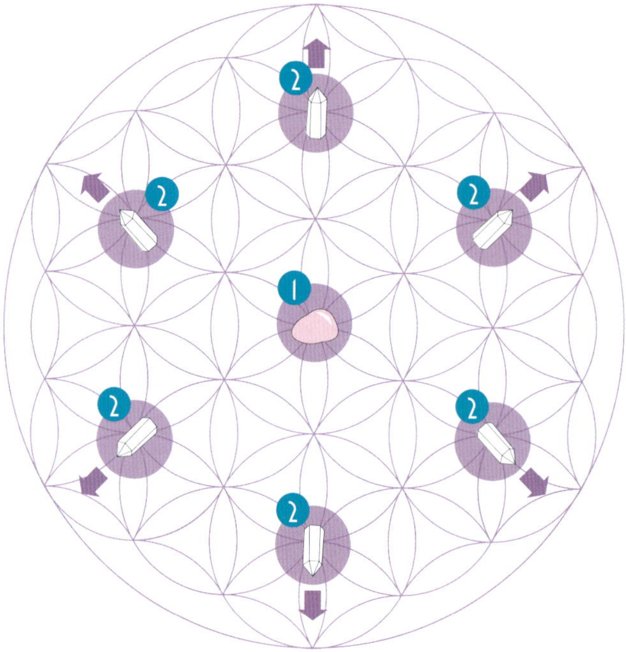

MANDALA DE CRISTAUX ÉLÉMENTAIRE POUR LES RELATIONS

C'est un mandala de cristaux très simple pour favoriser les relations aimantes ou créer une plus grande harmonie familiale. Vous pouvez vous en servir pour apaiser et résoudre des problèmes relationnels. Ce mandala peut aussi équilibrer une relation, guérir les ruptures et apporter le pardon à des sentiments blessés.

Rédigez une affirmation de votre intention sur un petit morceau de papier. Pliez-le et mettez-le sous la pierre centrale.

Conseil : vous pouvez aussi vous servir d'une photo de vous-même et de votre partenaire, ou d'une famille heureuse. Mettez-la avec le papier sous la pierre centrale.

CRISTAUX UTILISÉS

- 1 quartz rose, gros ou moyen
- 6 pointes de cristal de roche

MATRICE DE MANDALA RÉGULIER DE CRISTAUX : A

SIGNIFICATION DE LA GÉOMÉTRIE SACRÉE

La Fleur de Vie apporte son soutien à tous les objectifs, et relie à l'univers entier.

1 PIERRE CENTRALE : QUARTZ ROSE

En position 1, au centre du mandala, placez un cristal de quartz rose de taille grosse ou moyenne. Le quartz rose apporte une énergie de paix, d'amour et de compassion. Vous pouvez substituer à ce cristal une rhodonite, une opale rose ou une manganocalcite.

2 PIERRES DE SOUTIEN : CRISTAL DE ROCHE

En position 2, disposez les six pointes de cristal de roche, dirigées vers l'extérieur. Les cristaux de cristal de roche vont concentrer, diriger et amplifier les énergies et l'intention du mandala.

DÉCLARATION D'INTENTION

« Je programme ce mandala de cristaux pour une relation aimante et harmonieuse avec... si c'est pour le plus grand bien de tous. »

CHAPITRE 9

AUTRES MANDALAS DE CRISTAUX COMPLEXES

Ces mandalas de cristaux sont plus complexes, et se servent en général de davantage de types de cristaux différents. Leur tracé s'appuie sur davantage de formes géométriques. Vous devrez rechercher des pierres centrales plus grosses, ou plus massives, pour donner plus de pouvoir à l'ensemble. Ces mandalas de cristaux semblent avoir plus d'énergie et un impact plus fort sur les situations.

Votre pierre centrale doit être de l'une des formes puissantes citées plus haut, au chapitre 4. Comme pour les mandalas de cristaux élémentaires, j'ai aussi indiqué des cristaux de substitution. Ils auront une énergie légèrement différente, mais ils seront toujours alignés avec l'intention essentielle du mandala de cristaux. Vous pouvez utiliser l'un d'entre eux au besoin.

Vous pouvez trouver toutes les matrices de mandalas de cristaux utilisées ici dans le fichier de matrices de mandalas de cristaux imprimables accessible par le lien ci-dessous :

www.ethanlazzerini.com/grid-templates

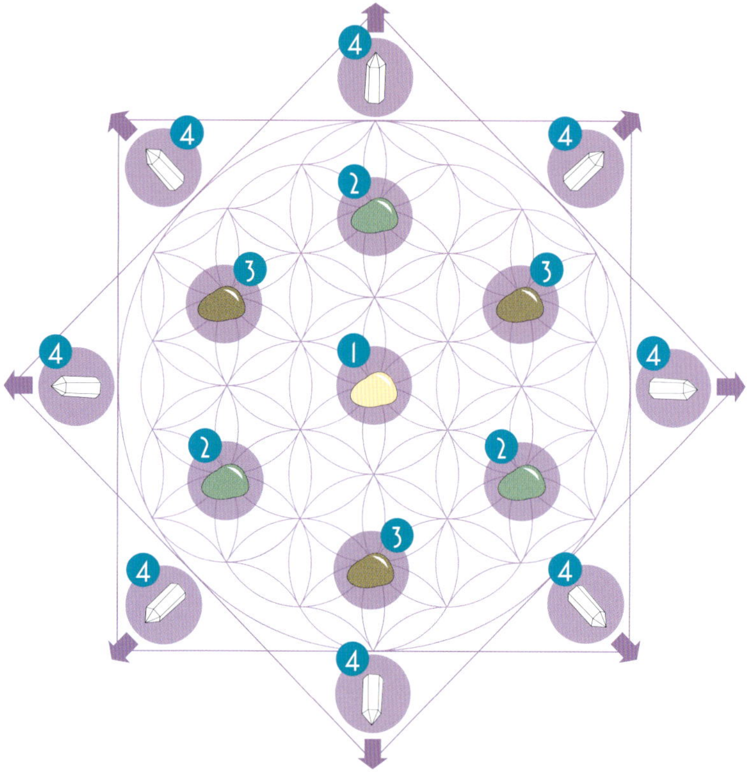

MANDALAS DE CRISTAUX POUR L'ABONDANCE ET LA PROSPÉRITÉ

Vous pouvez vous servir de ce mandala régulier de cristaux pour apporter dans votre vie davantage d'abondance et de prospérité. Servez-vous de ce mandala pour assainir vos finances et pour équilibrer ou augmenter vos revenus. Il peut aussi favoriser votre carrière ou la réussite de vos affaires. Rédigez une affirmation de votre intention sur un petit morceau de papier. Pliez-le et mettez-le sous la pierre centrale.

Conseil : vous pouvez aussi placer une pièce chinoise porte-bonheur sur le papier plié pour attirer richesse et prospérité. Ce sont des pièces anciennes (ou des reproductions) avec un trou carré au milieu. Assurez-vous que le côté portant les quatre caractères soit visible.

CRISTAUX UTILISÉS

- 1 grosse citrine
- 3 pierres roulées de jade néphrite
- 3 pierres roulées de pyrite
- 8 pointes de cristal de cristal de roche

MATRICE DE MANDALA RÉGULIER DE CRISTAUX : B

SIGNIFICATION DE LA GÉOMÉTRIE SACRÉE

L'octogramme rayonne d'abondance et de prospérité, et favorise la croissance. La Fleur de Vie aide à manifester.

1 PIERRE CENTRALE : CITRINE

En position 1, placez une grosse citrine. La citrine attire la richesse et la prospérité. Vous pouvez substituer à ce cristal un œil-de-tigre.

2 PIERRES INTÉRIEURES DE SOUTIEN : JADE NÉPHRITE

En position 2, placez les trois pierres roulées de jade néphrite. Le jade néphrite est une bonne pierre pour l'abondance. Ces cristaux peuvent être remplacés par de la jadéite, de l'aventurine verte ou de l'agate mousse.

❸ PIERRES INTÉRIEURES DE SOUTIEN : PYRITE

En position 3, placez les trois pierres roulées de pyrite. La pyrite sert à attirer la prospérité. Ces cristaux peuvent être remplacés par des aimants ou des œils-de-tigre, s'ils ne sont pas déjà utilisés.

❹ PIERRES EXTÉRIEURES DE SOUTIEN : CRISTAL DE ROCHE

En position 4, disposez les huit pointes de cristal de roche, dirigées vers l'extérieur. Les cristaux de cristal de roche vont concentrer, diriger et amplifier les énergies et l'intention du mandala.

DÉCLARATION D'INTENTION

« Je programme ce mandala de cristaux pour attirer davantage d'abondance et de prospérité dans ma vie. »

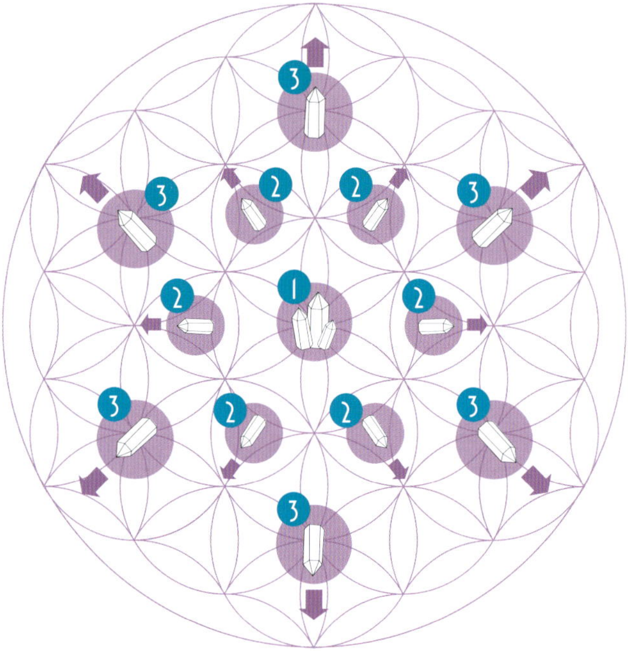

MANDALA DE CRISTAUX TOUS USAGES

Vous pouvez utiliser ce mandala régulier de cristaux entièrement composé de quartz pour presque tous les objectifs que vous pouvez imaginer. Il est très versatile. Les cristaux et leur disposition vont favoriser toute intention ou tout objectif spécifique qui n'est pas indiqué dans ce livre. C'est un mandala pour faire des essais et commencer à créer vos propres mandalas personnalisés. Rédigez une affirmation de votre intention sur un petit morceau de papier. Pliez-le et mettez-le sous la pierre centrale.

Conseil : vous pouvez aussi ajouter une photo d'une personne, ou une carte, sous la pierre centrale si nécessaire. Ou utiliser une image pour représenter le résultat que vous désirez.

CRISTAUX UTILISÉS

- 1 gros cristal de roche
- 12 pointes de cristal de roche

MATRICE DE MANDALA RÉGULIER DE CRISTAUX : A

SIGNIFICATION DE LA GÉOMÉTRIE SACRÉE

La Fleur de Vie apporte son soutien à tous les objectifs, et relie à l'univers entier. C'est un outil de manifestation.

1 PIERRE CENTRALE : CRISTAL DE ROCHE

En position 1, placez un gros cristal de roche. Tous les cristaux de cristal de roche utilisés dans ce mandala vont concentrer, diriger et amplifier les énergies et l'intention du mandala.

2 PIERRES INTÉRIEURES DE SOUTIEN : CRISTAL DE ROCHE

En position 2, disposez six pointes de cristal de roche, dirigées vers l'extérieur.

3 PIERRES EXTÉRIEURES DE SOUTIEN : CRISTAL DE ROCHE

En position 3, disposez six pointes de cristal de roche, dirigées vers l'extérieur.

DÉCLARATION D'INTENTION

« Je programme ce mandala de cristaux pour... si c'est pour le plus grand bien de tous. »

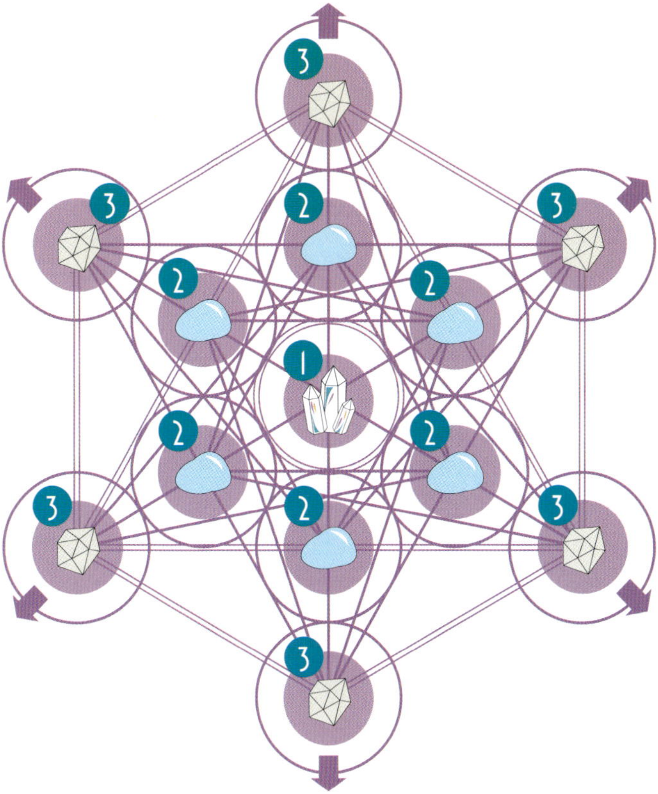

MANDALA DE CRISTAUX DE LIEN AVEC LES ANGES

Vous pouvez vous servir de ce mandala régulier de cristaux pour vous relier avec vos anges et travailler plus étroitement avec eux. Il aide à communiquer avec le monde angélique, avec les anges gardiens et les Archanges. Il agit comme un point d'ancrage pour l'énergie angélique. Rédigez une affirmation de votre intention sur un petit morceau de papier. Pliez-le et mettez-le sous la pierre centrale.

Conseil : vous pouvez vous servir d'un cristal de roche taillé en forme d'ange ou de paire d'ailes comme pierre centrale de ce mandala.

CRISTAUX UTILISÉS

- 1 gros cristal « Angel Aura[1] »
- 6 pierres roulées de célestine
- 6 cristaux de danburite

MATRICE DE MANDALA RÉGULIER DE CRISTAUX : C

SIGNIFICATION DE LA GÉOMÉTRIE SACRÉE

Le cube de Métatron sert pour se relier aux mondes angéliques, pour la protection, et pour accéder à la sagesse spirituelle.

1. NdÉ – Les quartz Aura sont issus d'un procédé chimique visant à recouvrir artificiellement un quartz d'une couche de particules telles que de l'or ou du titane.

❶ PIERRE CENTRALE : « ANGEL AURA »

En position 1, placez un gros cristal « Angel Aura » . Les hautes vibrations de ce cristal enrichi en platine vous relient à vos anges. Vous pouvez substituer à ce cristal un quartz amphibole ou utiliser un cristal de roche.

❷ PIERRES INTÉRIEURES DE SOUTIEN : CÉLESTINE

En position 2, placez six pierres roulées de célestine. La célestine vous relie aux mondes angéliques. Ces cristaux peuvent être remplacés par de l'angélite.

❸ PIERRES EXTÉRIEURES DE SOUTIEN : DANBURITE

En position 3, disposez six pierres roulées ou pointes de cristal de danburite, dirigées vers l'extérieur. La danburite ancre les puissantes énergies angéliques et la lumière. Ces cristaux peuvent être remplacés par des pointes de cristal de roche.

DÉCLARATION D'INTENTION

« Je programme ce mandala de cristaux pour qu'il apporte soutien, messages et guidance des anges. »

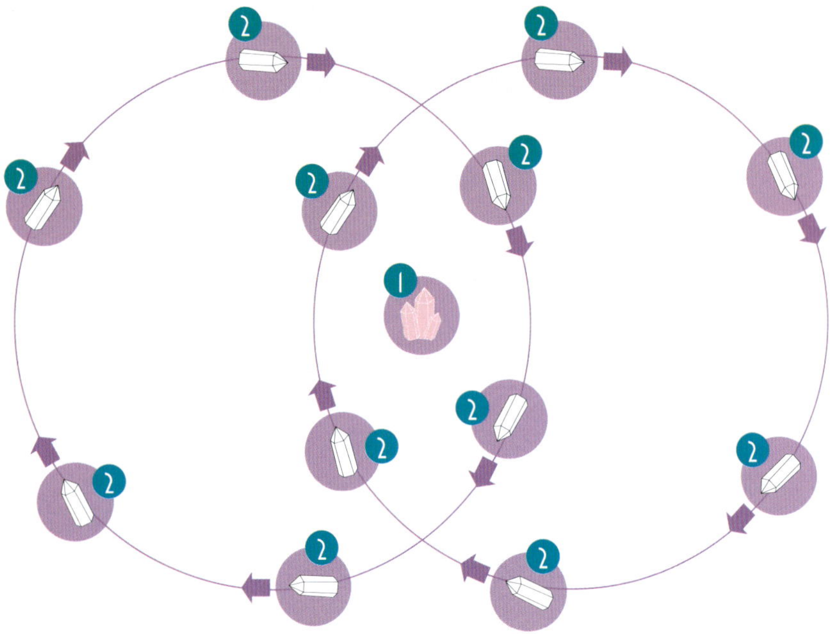

MANDALA DE CRISTAUX POUR ATTIRER UN PARTENAIRE AIMANT

Vous pouvez vous servir de ce mandala régulier de cristaux pour attirer dans votre vie un partenaire amoureux. Il peut vous aider à trouver quelqu'un qui soit aussi à la recherche d'une relation stable. Il n'est pas souhaitable d'indiquer le nom d'une personne dans la déclaration d'intention, pour respecter le libre arbitre d'autrui. Rédigez une affirmation de votre intention sur un petit morceau de papier. Pliez-le et mettez-le sous la pierre centrale.

Conseil : vous pouvez utiliser un quartz rose en forme de cœur comme pierre centrale de ce mandala.

CRISTAUX UTILISÉS

- 1 gros cristal de quartz rose
- 12 pointes de cristal de roche

MATRICE DE MANDALA RÉGULIER DE CRISTAUX : D

SIGNIFICATION DE LA GÉOMÉTRIE SACRÉE

Les deux cercles représentent l'union et l'engagement. La Vesica piscis ouvre la porte à de nouvelles expériences et opportunités.

1 PIERRE CENTRALE : QUARTZ ROSE

En position 1, placez un gros cristal de quartz rose. Le quartz rose ouvre le chakra cardiaque et aide à attirer des relations aimantes. Vous pouvez substituer à ce cristal de la manganocalcite, ou de la rhodonite.

2 PIERRES DE SOUTIEN : CRISTAL DE ROCHE

En position 2, disposez les douze pointes de cristal de roche. Six pointes de cristal par cercle, dirigées dans le sens horaire. Les cristaux de cristal de roche vont concentrer, diriger et amplifier les énergies et l'intention du mandala.

DÉCLARATION D'INTENTION

« Je programme ce mandala de cristaux pour attirer dans ma vie un partenaire aimant et fiable ; si c'est pour mon plus grand bien et pour le plus grand bien de tous. »

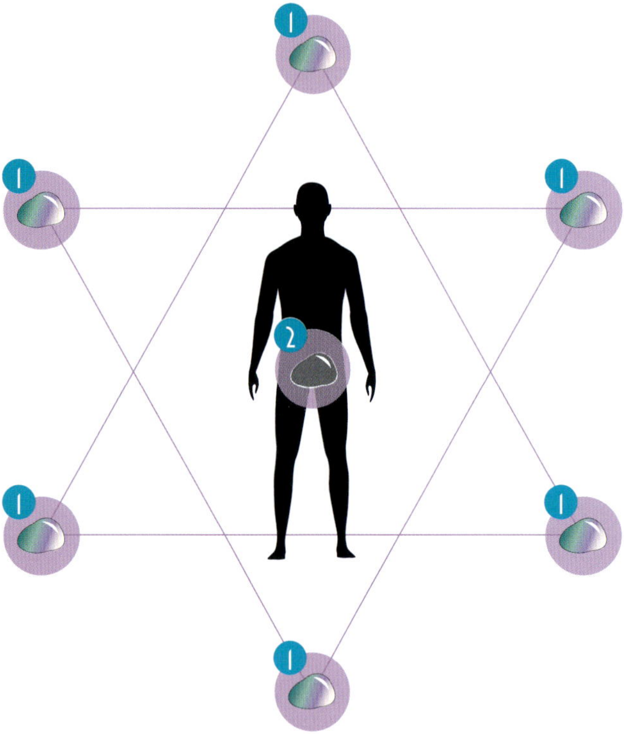

MANDALA DE CRISTAUX D'ÉQUILIBRAGE DE L'AURA

Ce mandala de cristaux corporel sert à équilibrer l'énergie et les couches de l'aura. Le cristal du chakra racine va contribuer à ancrer l'aura. Quand votre aura est trop étendue, vous pouvez absorber les énergies et les émotions de tout le monde. Quand elle est trop près du corps, vous pouvez avoir l'impression d'être invisible aux autres et de passer à côté d'opportunités.

Utilisez la méthode d'activation tout-en-un.

Conseil : utilisez des cristaux de fluorite de couleurs différentes ; ou des cristaux avec un mélange d'au moins deux couleurs. La fluorite multicolore est aussi appelée fluorite arc-en-ciel.

CRISTAUX UTILISÉS

- 6 fluorites, en pierres roulées ou en cristaux octaédriques
- 1 pierre roulée d'hématite

MANDALA DE CRISTAUX CORPOREL

SIGNIFICATION DE LA GÉOMÉTRIE SACRÉE

L'Étoile de David apporte équilibre et harmonie.

1 PIERRES DE SOUTIEN : FLUORITE

En position 1, disposez les six pierres roulées ou octaèdres naturels de fluorite. La fluorite équilibre toutes les couches de l'aura. Vous pouvez substituer à ce cristal de l'amétrine ou de l'amazonite.

2 CRISTAL DE CHAKRA : HÉMATITE

Allongez-vous dans le mandala. En position 2, placez la pierre roulée d'hématite sur votre chakra racine, à la base de votre colonne vertébrale. Vous pouvez la placer sur votre corps, ou en-dessous. L'hématite ancre l'aura et la renforce. Vous pouvez substituer à ce cristal du jaspe rouge ou du quartz fumé.

Fermez les yeux et prenez plusieurs inspirations profondes. Restez allongé pendant environ 10 à 15 minutes. Prenez votre temps avant de vous relever.

DÉCLARATION D'INTENTION

« Je programme ce mandala de cristaux pour équilibrer mon énergie et toutes les couches de mon aura. »

MANDALA DE CRISTAUX DE NETTOYAGE DE L'AURA

Ce mandala de cristaux corporel sert à purifier l'aura des énergies négatives ou nocives. Il va chasser toutes les énergies qui ne vous appartiennent pas, ou qui ne servent pas votre plus grand bien. Servez-vous de ce mandala de cristaux à chaque fois que vous vous sentez écrasé après une journée stressante ou difficile. Il va détoxifier, purifier et rafraîchir votre champ d'énergie. Servez-vous de la méthode d'activation tout-en-un.

Conseil : si vous le pratiquez assis, vous gagnerez beaucoup d'espace. Assurez-vous simplement que tout votre corps soit à l'intérieur des six cristaux.

CRISTAUX UTILISÉS

6 pointes de tourmaline noire

MANDALA DE CRISTAUX CORPOREL

SIGNIFICATION DE LA GÉOMÉTRIE SACRÉE

L'Étoile de David apporte équilibre et protection.

1 PIERRES DE SOUTIEN : TOURMALINE NOIRE

En position 1, disposez six pointes de cristal de tourmaline noire ou six cristaux de tourmaline noire biterminés, dirigés vers l'extérieur. La tourmaline noire absorbe et neutralise les énergies négatives. Ces cristaux peuvent être remplacés par du quartz tourmaliné, des baguettes de sélénite naturelles ou polies, des citrines ou des pointes de cristal de quartz fumé. Assurez-vous qu'elles pointent bien vers l'extérieur.

Asseyez-vous en tailleur ou en lotus au centre des six cristaux. Fermez les yeux et prenez plusieurs inspirations profondes. Restez dans cette position pendant environ 10 à 15 minutes. Prenez votre temps avant de vous relever.

DÉCLARATION D'INTENTION

« Je programme ce mandala de cristaux pour purifier mon aura de toutes énergies négatives, nocives ou déséquilibrées, ou de toute énergie dans mon aura ou autour d'elle qui ne serve pas mon plus grand bien. »

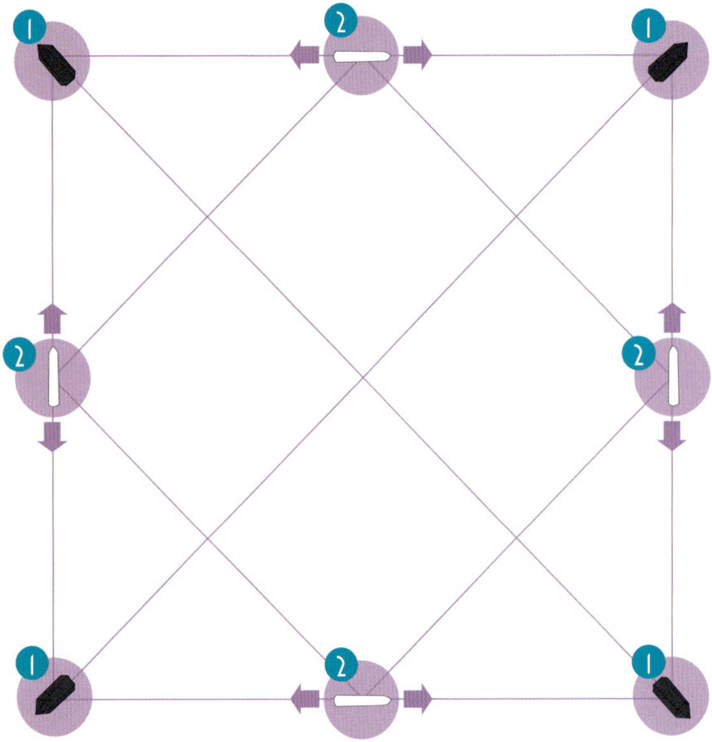

MANDALA DE CRISTAUX POUR PURIFIER LE FOYER

Vous pouvez vous servir de ce mandala de cristaux pour purifier l'énergie de votre foyer ou d'une seule pièce. Les cristaux utilisés dans ce mandala travaillent pour garder votre espace libre de toute énergie négative, nocive ou déséquilibrée. C'est un bon mandala à utiliser si l'atmosphère semble pesante, s'il y a eu beaucoup de maladies ou de malchance. Il contribue aussi à diminuer l'accumulation d'énergies négatives à l'avenir, en les piégeant et en les absorbant. Si vous faites un mandala pour tout votre foyer, il est préférable de le mettre au rez-de-chaussée. Servez-vous de la méthode d'activation tout-en-un.

Conseil : vous devrez peut-être purifier votre foyer tous les deux ou trois mois pour que les cristaux puissent donner le meilleur d'eux-mêmes.

CRISTAUX UTILISÉS

- 4 grosses pointes de cristal ou pierres roulées de tourmaline noire
- 4 baguettes de sélénite naturelles ou polies

MANDALA DE CRISTAUX DE LIEU

SIGNIFICATION DE LA GÉOMÉTRIE SACRÉE

La croix protège contre les énergies négatives. Le carré et le losange apportent un soutien environnemental dans toutes les directions.

1 PIERRES DE SOUTIEN : TOURMALINE NOIRE

En position 1, placez quatre tourmalines noires aux quatre coins de votre foyer ou de la pièce. Si vous utilisez des pointes de cristal, dirigez-les vers l'extérieur pour former la croix. La tourmaline noire ancre, absorbe et neutralise les énergies négatives. Ces pierres peuvent être remplacées par du quartz tourmaliné, du quartz fumé ou de l'obsidienne mouchetée.

2 PIERRES DE SOUTIEN : SÉLÉNITE

En position 2, placez les quatre baguettes de sélénite naturelles ou polies. Elles devraient être tout contre les murs. Ces cristaux vont aussi absorber et purifier les énergies négatives ou nocives. Vous pouvez y substituer des pointes de cristal de roche ou des cristaux biterminés de cristal de roche.

DÉCLARATION D'INTENTION

« Je programme ce mandala de cristaux pour qu'il purifie et rééquilibre constamment l'énergie de mon/ma... »

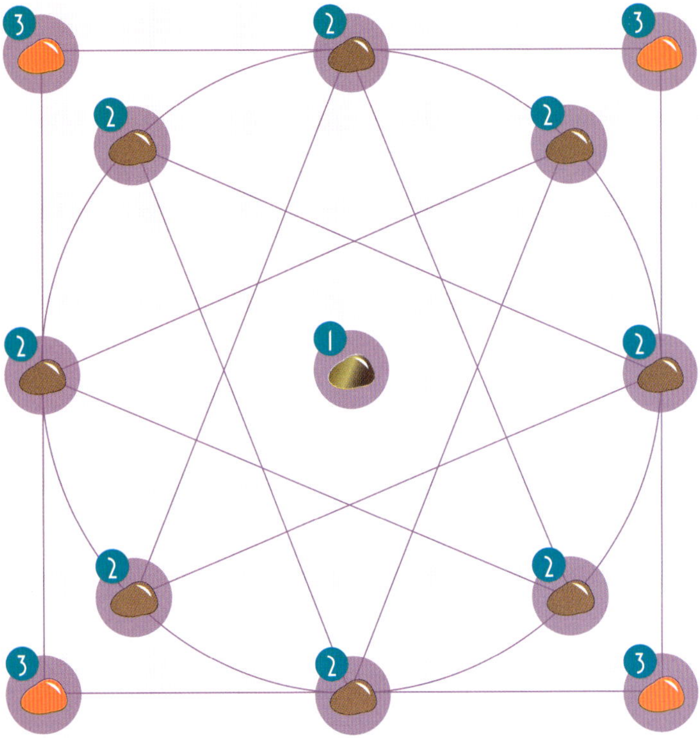

MANDALA DE CRISTAUX POUR LA CONFIANCE EN SOI & LE COURAGE

Vous pouvez vous servir de ce mandala régulier de cristaux pour vous aider à développer votre confiance en vous et vous donner plus de courage. Utilisez ce mandala si vous sentez que vous êtes bloqué par vos peurs, ou que vous ne croyez pas suffisamment en vous-même ou en vos aptitudes. Poursuivez toujours en entreprenant des actions pour développer votre confiance en vous. Rédigez une affirmation de votre intention sur un petit morceau de papier. Pliez-le et mettez-le sous la pierre centrale.

Conseil : vous pouvez aussi bénéficier du port d'un œil-de-tigre en bracelet ou en pendentif, ou porter une pierre roulée dans votre poche chaque jour.

CRISTAUX UTILISÉS

- 1 gros œil de tigre
- 8 pierres roulées de bronzite
- 4 pierres roulées de cornaline

MATRICE DE MANDALA RÉGULIER DE CRISTAUX : E

SIGNIFICATION DE LA GÉOMÉTRIE SACRÉE

Le carré apporte la force intérieure. Le cercle apporte la protection. L'octogramme soutient la croissance personnelle et renforce la détermination.

1 PIERRE CENTRALE : ŒIL-DE-TIGRE

En position 1, placez un gros œil-de-tigre. L'œil-de-tigre stimule la confiance en soi. Vous pouvez substituer à ce cristal une citrine ou un cristal de roche.

2 PIERRES INTÉRIEURES DE SOUTIEN : BRONZITE

En position 2, disposez les huit pierres roulées de bronzite. La bronzite renforce la confiance en soi et la détermination. Ces cristaux peuvent être remplacés par des pierres roulées ou des pointes de flèche d'obsidienne acajou, dirigées vers l'extérieur.

③ PIERRES EXTÉRIEURES DE SOUTIEN : CORNALINE

En position 3, disposez les quatre pierres roulées de cornaline ; plus elles sont rouges, mieux c'est. La cornaline, et surtout la cornaline rouge contribue à vous dynamiser. Ces cristaux peuvent être remplacés par des pierres de soleil (héliolite) ou des hématites.

DÉCLARATION D'INTENTION

« Je programme ce mandala de cristaux pour qu'il m'aide à développer ma confiance en moi et augmenter mon courage. »

3 PIERRES EXTÉRIEURES DE SOUTIEN : AMÉTHYSTE

En position 3, disposez les neuf pierres roulées d'améthyste. Ou, si vous utilisez des pointes de cristal d'améthyste, dirigez-les vers l'extérieur. L'améthyste transmute l'énergie négative et ancre l'énergie spirituelle. Ces cristaux peuvent être remplacés par des sélénites, des lapis-lazuli ou des cristaux de roche.

DÉCLARATION D'INTENTION

« Je programme ce mandala de cristaux pour apporter la guérison, l'amour et la paix à… si c'est pour le plus grand bien de tous. »

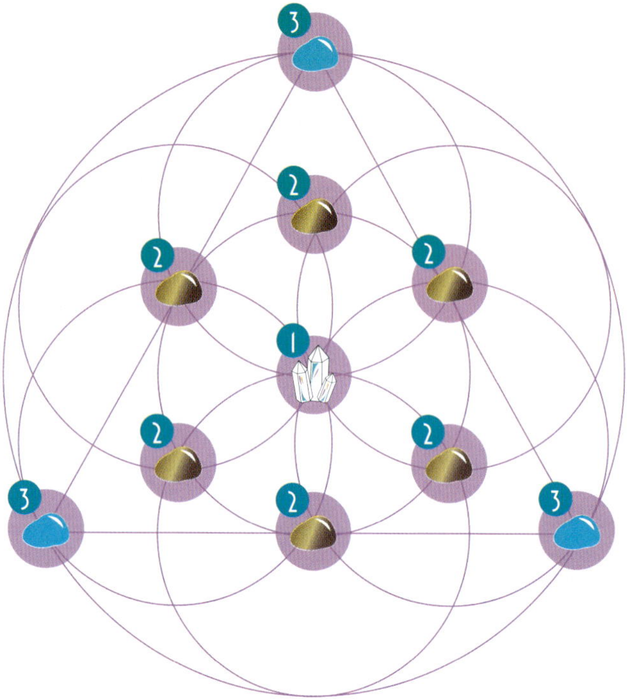

MANDALA DE CRISTAUX POUR LA FOI ET L'ESPOIR

Ce mandala régulier de cristaux va contribuer à augmenter votre foi et à vous apporter l'espoir. Servez-vous-en quand vous avez envie d'abandonner, ou quand vous manquez de foi quant à l'amélioration d'une situation. Ce mandala de cristaux va contribuer à chasser les sentiments de doute et de peur, et va instiller en vous la certitude que les choses vont bien tourner. Rédigez une affirmation de votre intention sur un petit morceau de papier. Pliez-le et mettez-le sous la pierre centrale.

Conseil : vous pouvez vous servir d'une pyramide de cristal comme pierre centrale pour accroître le lien avec le divin et pour élever votre vibration.

CRISTAUX UTILISÉS

- 1 gros cristal « Angel Aura[2] »
- 6 pierres roulées d'œil-de-tigre
- 3 pierres roulées de turquoise

MATRICE DE MANDALA RÉGULIER DE CRISTAUX : G

SIGNIFICATION DE LA GÉOMÉTRIE SACRÉE

La Graine de Vie soutient la croissance et les nouveaux commencements. Le triangle renforce le lien avec le divin et accroît l'énergie.

1 PIERRE CENTRALE : « ANGEL AURA »

En position 1, placez un gros cristal « Angel Aura ». L'« Angel Aura » augmente la foi et l'optimisme. Vous pouvez substituer à ce cristal du cristal de roche.

2 PIERRES INTÉRIEURES DE SOUTIEN : ŒIL-DE-TIGRE

En position 2, disposez les six pierres roulées d'œil-de-tigre. L'œil-de-tigre encourage la pensée positive et la foi. Ces cristaux peuvent être remplacés par des pierres de soleil.

2. NdÉ – Les quartz Aura sont issus d'un procédé chimique visant à recouvrir artificiellement un quartz d'une couche de particules telles que de l'or ou du titane.

❸ PIERRES EXTÉRIEURES DE SOUTIEN : TURQUOISE

En position 3, disposez les trois pierres roulées de turquoise. La turquoise apporte la foi et absorbe les soucis. Ces cristaux peuvent être remplacés par du quartz fumé. Si vous utilisez des pointes de cristal, dirigez-les vers l'extérieur.

DÉCLARATION D'INTENTION

« Je programme ce mandala de cristaux pour qu'il renforce ma foi et m'apporte l'espoir. »

③ PIERRES INTÉRIEURES DE SOUTIEN : LAPIS-LAZULI

En position 3, disposez les trois pierres roulées de lapis-lazuli. Le lapis-lazuli apporte guérison spirituelle et protection. Ces cristaux peuvent être remplacés par des améthystes ou des améthystes chevron.

④ PIERRES EXTÉRIEURES DE SOUTIEN : CRISTAL DE ROCHE

En position 4, disposez les trois pointes de cristal de roche, dirigées vers l'extérieur. Le cristal de roche écarte l'énergie négative.

DÉCLARATION D'INTENTION

« Je programme ce mandala de cristaux pour apporter la santé et la guérison à… si c'est pour son plus grand bien. »

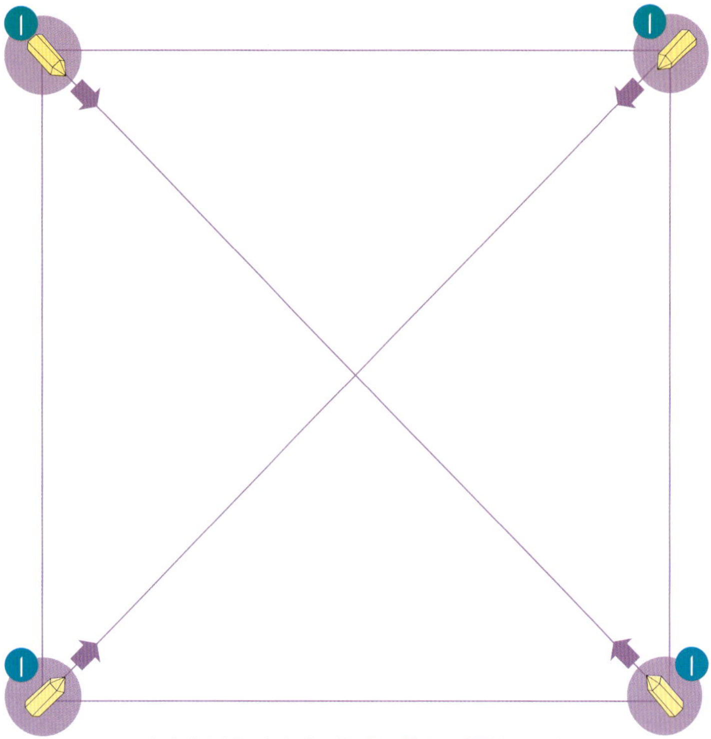

MANDALA DE CRISTAUX POUR BÉNIR LA MAISON

Vous pouvez vous servir de ce mandala de cristaux de lieu pour bénir votre maison, ou juste une pièce. Il apporte à ce lieu et à ceux qui y vivent des énergies spirituelles positives de vibration élevée. Bénir votre foyer en écarte les énergies négatives ou indésirables, et y fait entrer de nouvelles opportunités. Vous pouvez bénir votre foyer quand vous emménagez dans un nouvel endroit, ou à tout moment. Si vous faites un mandala pour toute la maison, il vaut mieux l'installer au rez-de chaussée. Vous pouvez retirer les cristaux après une semaine, ou les laisser en place. Servez-vous de la méthode d'activation tout-en-un.

Conseil : pour un effet optimal, vous devez d'abord purifier l'espace avant d'y installer les cristaux. Faites brûler de la sauge, du Palo Santo ou du santal.

CRISTAUX UTILISÉS

4 grosses pointes de cristal de citrine

MANDALA DE CRISTAUX DE LIEU

SIGNIFICATION DE LA GÉOMÉTRIE SACRÉE

Le carré offre un soutien de toutes les directions. La croix ancre les énergies spirituelles dans le monde physique.

1 PIERRES DE SOUTIEN : CITRINE

En position 1, placez quatre grosses pointes de citrine aux quatre coins de votre maison ou de votre pièce. Dirigez-les vers l'intérieur pour former la croix. Vous pouvez aussi vous servir de pointes de cristal placées verticalement. La citrine apporte énergies positives et abondance.

Ces cristaux peuvent être remplacés par des quartz à inclusions de rutile, des pierres de soleil, de l'ammolite (ammonite iridescente) ou des pointes de cristal de roche.

DÉCLARATION D'INTENTION

« Je programme ce mandala de cristaux pour apporter une abondance de bénédictions et d'énergies positives de haute vibration dans mon/ma… »

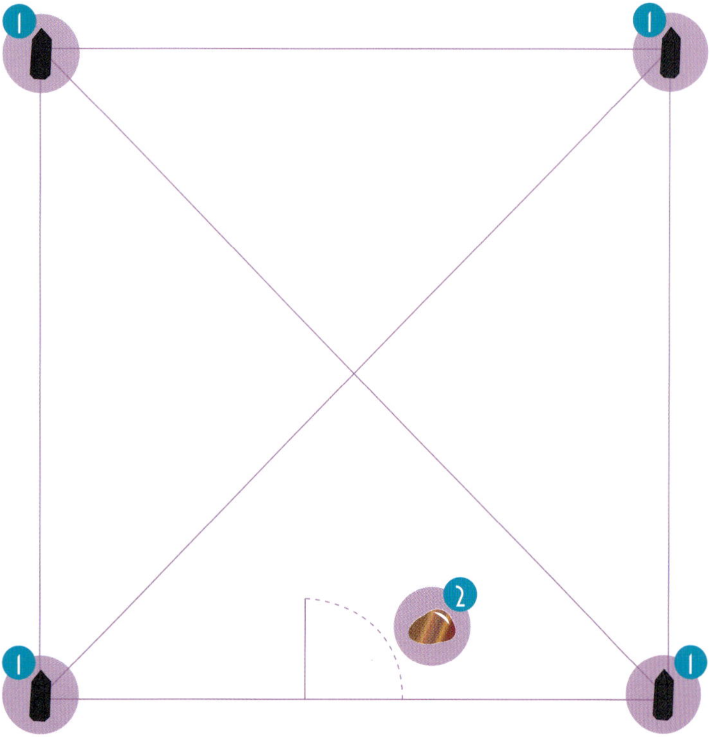

MANDALA DE CRISTAUX POUR LA PROTECTION DE LA MAISON

Vous pouvez vous servir de ce mandala de cristaux de lieu pour protéger votre foyer ou juste une pièce. Les cristaux agissent comme des sentinelles qui protègent l'énergie de votre espace. Ils empêchent l'énergie négative d'entrer et entourent le lieu d'un puissant mur protecteur. Vous pouvez le laisser en place, ou vous en servir quand vous sentez que vous avez besoin de plus de protection. Si vous faites un mandala pour toute la maison, il vaut mieux l'installer au rez-de chaussée. Servez-vous de la méthode d'activation tout-en-un.

Conseil : si vous mettez en place un mandala de protection permanent, vous pouvez enterrer les quatre pierres aux quatre coins de votre propriété. Vous pouvez aussi les placer sous le plancher.

CRISTAUX UTILISÉS

- 4 grosses pointes de cristal de tourmaline noire
- 1 gros œil-de-taureau

MANDALA DE CRISTAUX DE LIEU

SIGNIFICATION DE LA GÉOMÉTRIE SACRÉE

Le carré crée de puissantes limites énergétiques. La croix apporte la protection depuis toutes les directions.

1 PIERRES EXTÉRIEURES DE SOUTIEN : TOURMALINE NOIRE

En position 1, placez quatre grosses pointes de cristal de tourmaline noire aux quatre coins de votre maison, de votre propriété ou de votre pièce. Mettez-les en position verticale si possible, ou dirigées vers l'extérieur. La tourmaline noire est fortement protectrice, et absorbe la négativité. Vous pouvez substituer à ces cristaux des pointes de quartz tourmaliné, des Shiva Lingam ou des pointes d'obsidienne noire. Vous pouvez aussi vous servir de quatre pointes de flèche d'obsidienne noire, dirigées vers l'extérieur.

2 PIERRE INTÉRIEURE DE SOUTIEN : ŒIL-DE-TAUREAU

En position 2, mettez un œil-de-taureau moyen à gros près de la porte d'entrée. Il doit être juste à l'intérieur de votre entrée et, idéalement, visible quand vous vous tenez sur le pas de la porte et que vous regardez à l'intérieur. Vous pouvez vous servir d'une grosse pierre roulée ou de n'importe laquelle des formes utilisées pour les pierres centrales. Vous pouvez remplacer cette pierre par un œil-de-tigre, un lapis-lazuli ou un Shiva Lingam si vous ne vous en servez pas déjà dans ce mandala.

DÉCLARATION D'INTENTION

« Je programme ce mandala de cristaux pour qu'il protège mon/ma... et tous ceux qui y vivent de toute forme de mal. »

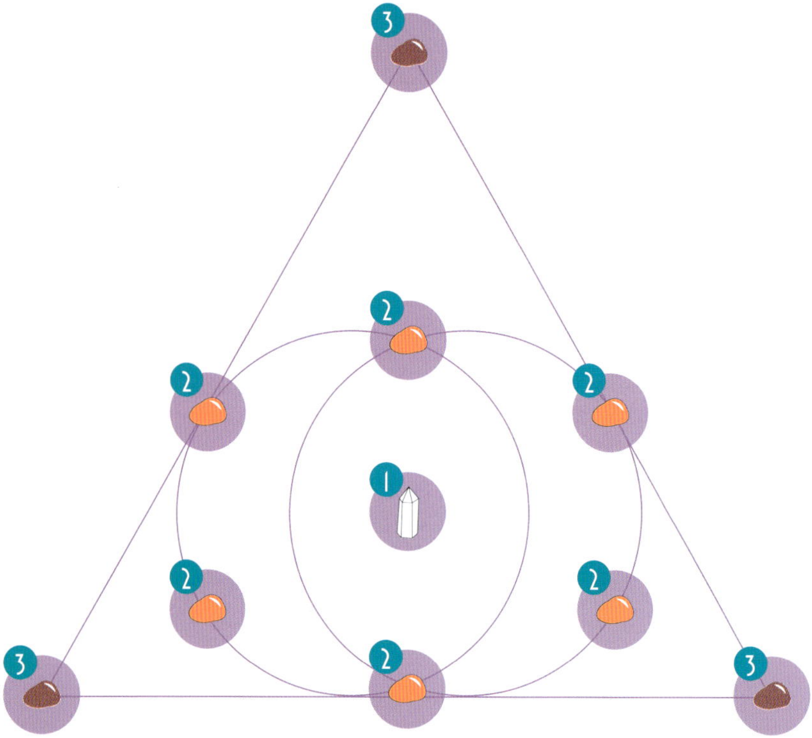

MANDALA DE CRISTAUX POUR AUGMENTER L'ÉNERGIE

Vous pouvez vous servir de ce mandala régulier de cristaux pour booster votre énergie. Servez-vous de ce mandala quand vous manquez d'énergie ou quand vous avez beaucoup de choses à faire et que vous avez besoin de davantage d'endurance et d'énergie. Il peut contribuer à augmenter vos niveaux d'énergie ou ceux d'une personne qui manque d'énergie. Rédigez une affirmation de votre intention sur un petit morceau de papier. Pliez-le et mettez-le sous la pierre centrale. Vous pouvez aussi mettre une photo d'une autre personne qui a besoin d'aide avec la note sous la pierre centrale.

Conseil : pour un résultat optimal, portez un bijou de grenat rouge ou portez cette pierre énergisante avec vous à tout moment.

CRISTAUX UTILISÉS

- 1 gros cristal de roche
- 6 pierres roulées de cornaline
- 3 cristaux ou pierres roulées de grenat

MATRICE DE MANDALA RÉGULIER DE CRISTAUX : I

SIGNIFICATION DE LA GÉOMÉTRIE SACRÉE

Le triangle accroît l'énergie. La Vesica piscis apporte le renouveau.

1 PIERRE CENTRALE : CRISTAL DE ROCHE

En position 1, placez un gros cristal de roche. Le cristal de roche amplifie les énergies et développe l'aura. Vous pouvez substituer à ce cristal un quartz hématoïde.

2 PIERRES INTÉRIEURES DE SOUTIEN : CORNALINE

En position 2, disposez les six pierres roulées de cornaline. La cornaline augmente le niveau d'énergie. Ces cristaux peuvent être remplacés par des œils-de-fer ou des tourmalines rubellite.

3 PIERRES EXTÉRIEURES DE SOUTIEN : GRENAT

En position 3, disposez les trois cristaux ou pierres roulées de grenat rouge. Le grenat, pierre de feu, augmente l'énergie. Ces cristaux peuvent être remplacés par des œils-de-taureau ou des rubis.

DÉCLARATION D'INTENTION

« Je programme ce mandala de cristaux pour augmenter le niveau d'énergie de... »

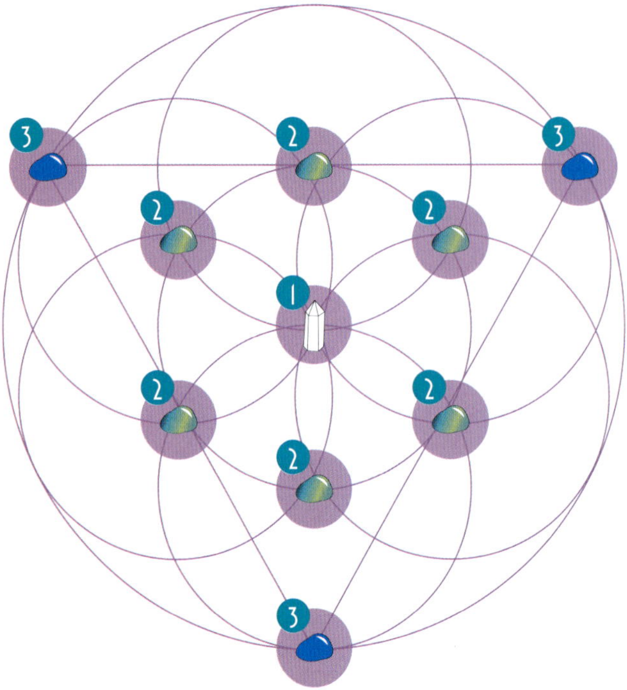

MANDALA DE CRISTAUX POUR L'INSPIRATION ET LES IDÉES

Vous pouvez vous servir de ce mandala régulier de cristaux pour apporter de nouvelles idées et une vive inspiration. Utilisez ce mandala quand vous commencez un projet créatif ou que vous avez besoin d'en inventer un. Il est idéal pour les moments où vous êtes à court d'idées. Ces cristaux vous aident à accéder à des informations provenant de votre soi supérieur. Rédigez une affirmation de votre intention sur un petit morceau de papier. Pliez-le et mettez-le sous la pierre centrale.

Conseil : voyez si vous pouvez inclure des pyramides de cristal dans ce schéma. Une pointe de quartz fantôme, ou avec une facette en losange, fonctionnera aussi très bien ici.

CRISTAUX UTILISÉS

- 1 gros cristal de roche
- 6 pierres roulées de labradorite
- 3 pierres roulées de lapis-lazuli

MATRICE DE MANDALA RÉGULIER DE CRISTAUX : G

SIGNIFICATION DE LA GÉOMÉTRIE SACRÉE

La Graine de Vie est pour la créativité et les nouveaux commencements. Le triangle stimule la créativité et apporte l'inspiration divine.

1 PIERRE CENTRALE : CRISTAL DE ROCHE

En position 1, placez un gros cristal de roche. Le cristal de roche canalise l'inspiration et la descente d'informations spirituelles. Vous pouvez substituer à ce cristal un quartz fantôme, une améthyste chevron ou une sodalite.

2 PIERRES INTÉRIEURES DE SOUTIEN : LABRADORITE

En position 2, disposez les six pierres roulées de labradorite. La labradorite stimule les idées créatrices. Ces cristaux peuvent être remplacés par des améthystes chevron ou des sélénites.

③ PIERRES EXTÉRIEURES DE SOUTIEN : LAPIS-LAZULI

En position 3, disposez les trois pierres roulées de lapis-lazuli. Le lapis-lazuli apporte l'inspiration. Ces cristaux peuvent être remplacés par des sodalites ou des sélénites si vous ne vous en servez pas déjà. Si vous utilisez des pointes de cristal, dirigez-les vers l'intérieur.

DÉCLARATION D'INTENTION

« Je programme ce mandala de cristaux pour qu'il m'apporte inspiration et idées créatrices. »

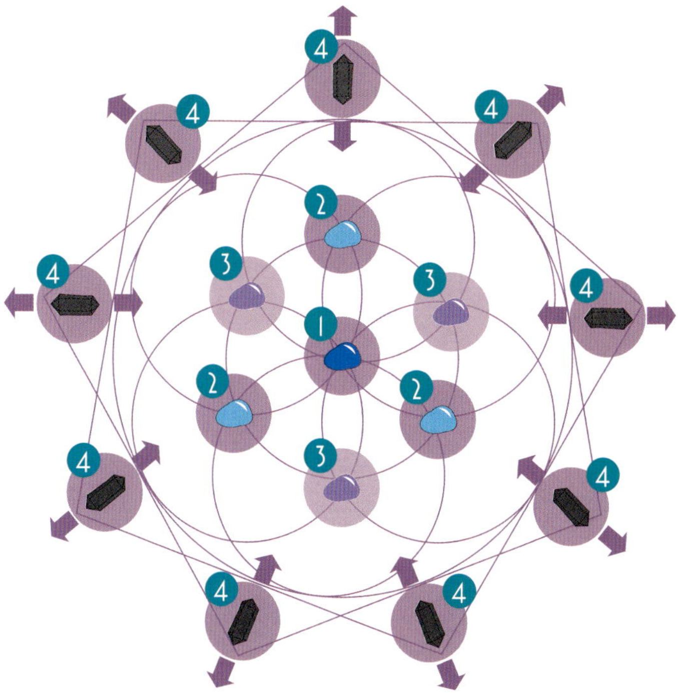

MANDALA DE CRISTAUX POUR SE LIBÉRER DU KARMA

Vous pouvez vous servir de ce mandala régulier de cristaux pour travailler sur votre karma passé et vous en libérer. Utilisez ce mandala pour vous aider à résoudre des schémas récurrents dans des situations ou des relations. Cette fleur de lotus purificatrice vous aide à vous défaire de relations problématiques, en n'emportant avec vous que les leçons que vous avez apprises. Vous aurez toujours besoin de prendre des mesures pour résoudre les conflits ou vous débarrasser des habitudes négatives. Rédigez une affirmation de votre intention sur un petit morceau de papier. Pliez-le et mettez-le sous la pierre centrale.

Conseil : comme pierre centrale, vous pouvez utiliser une flamme de cristal pour transmuter les énergies négatives, un cristal Merkaba pour accélérer la croissance.

CRISTAUX UTILISÉS

- 1 gros lapis lazuli
- 3 pierres roulées de célestine
- 3 pierres roulées de sugilite
- 9 cristaux biterminés de quartz morion

MATRICE DE MANDALA RÉGULIER DE CRISTAUX : J

SIGNIFICATION DE LA GÉOMÉTRIE SACRÉE

La Graine de Vie est pour la croissance personnelle et pour un nouveau départ. L'ennéagramme est pour la complétude, la compassion et la paix.

1 PIERRE CENTRALE : LAPIS-LAZULI

En position 1, placez un gros lapis-lazuli. Le lapis-lazuli est bon pour se libérer du karma. Vous pouvez substituer à ce cristal une pointe de quartz fantôme, ou une sélénite.

2 PIERRES INTÉRIEURES DE SOUTIEN : CÉLESTINE

En position 2, disposez les trois pierres roulées de célestine. La célestine nettoie le karma et les engagements dépassés de vos vies antérieures. Ces cristaux peuvent être remplacés par de l'angélite, du quartz à inclusions de lithium ou de l'aigue-marine.

3 PIERRES INTÉRIEURES DE SOUTIEN : SUGILITE

En position 3, disposez les trois pierres roulées de sugilite. La sugilite transmute les énergies karmiques. Ces cristaux peuvent être remplacés par des améthystes. Si vous utilisez des pointes, dirigez-les vers l'extérieur.

4 PIERRES EXTÉRIEURES DE SOUTIEN : QUARTZ MORION

En position 4, disposez les neuf cristaux de quartz morion, dirigés vers l'extérieur. Le quartz morion transmute le karma. Ces cristaux peuvent être remplacés par des sélénites ou des cristaux de roche, dirigés vers l'extérieur.

DÉCLARATION D'INTENTION

« Je programme ce mandala de cristaux pour résoudre et évacuer tout karma associé à… si c'est pour le plus grand bien de toutes les personnes concernées. »

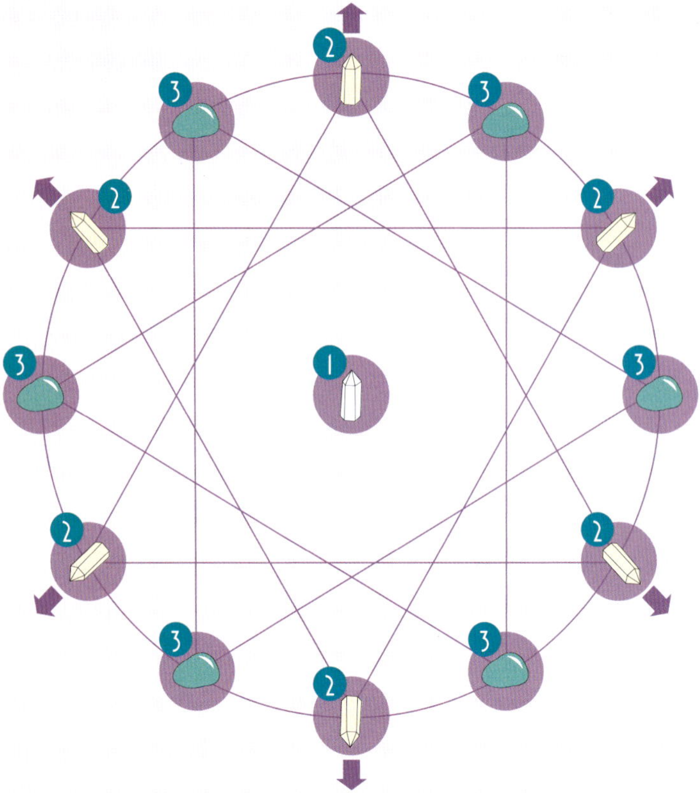

MANDALA DE CRISTAUX DU BUT DE LA VIE

Vous pouvez vous servir de ce mandala régulier de cristaux pour vous aider à découvrir le but de votre vie. C'est une mission importante, ou une carrière, que vous êtes venu accomplir dans cette vie. Utilisez ce mandala pour recevoir de votre intuition des messages, des conseils ou des signes en rapport avec le but de votre vie. Laissez les facettes de ce mandala en diamant aligner votre chemin de vie avec votre but supérieur. Rédigez une affirmation de votre intention sur un petit morceau de papier. Pliez-le et mettez-le sous la pierre centrale.

Conseil : pour la pierre centrale, une pointe de quartz avec une formation de fantôme, ou une facette en losange, contribuera encore plus à vous relier à votre soi supérieur.

CRISTAUX UTILISÉS

- 1 gros cristal de cristal de roche
- 6 pointes de cristal de danburite
- 6 pierres roulées d'amazonite

MATRICE DE MANDALA RÉGULIER DE CRISTAUX : K

SIGNIFICATION DE LA GÉOMÉTRIE SACRÉE

Le dodécagramme vous aligne avec votre destinée et avec le but de votre vie. Le cercle apporte concentration et soutien céleste.

1 PIERRE CENTRALE : CRISTAL DE ROCHE

En position 1, placez un gros cristal de roche. Le cristal de roche apporte la sagesse spirituelle. Vous pouvez substituer à ce cristal une améthyste chevron .

2 PIERRES DE SOUTIEN : DANBURITE

En position 2, disposez les six pointes de danburite, dirigées vers l'extérieur. La danburite vous aligne avec le but de votre vie. Ces cristaux peuvent être remplacés par des quartz diamant de Herkimer.

3 PIERRES DE SOUTIEN : AMAZONITE

En position 3, disposez les six pierres roulées d'amazonite. L'amazonite supprime les blocages et les peurs en relation avec le but de votre vie. Ces cristaux peuvent être remplacés par du quartz fumé. Si vous utilisez des pointes de cristal, dirigez-les vers l'extérieur.

DÉCLARATION D'INTENTION

« Je programme ce mandala de cristaux pour qu'il m'aide à découvrir le but divin de ma vie, et à m'aligner sur lui. »

3 PIERRES EXTÉRIEURES DE SOUTIEN : CORNALINE

En position 3, disposez les trois pierres roulées de cornaline. La cornaline est stimulante et motivante. Ces cristaux peuvent être remplacés par de la bronzite ou de l'obsidienne acajou en pierres roulées ou en pointes de flèche, dirigées vers l'extérieur.

DÉCLARATION D'INTENTION

« Je programme ce mandala de cristaux pour stimuler ma motivation, afin de pouvoir... »

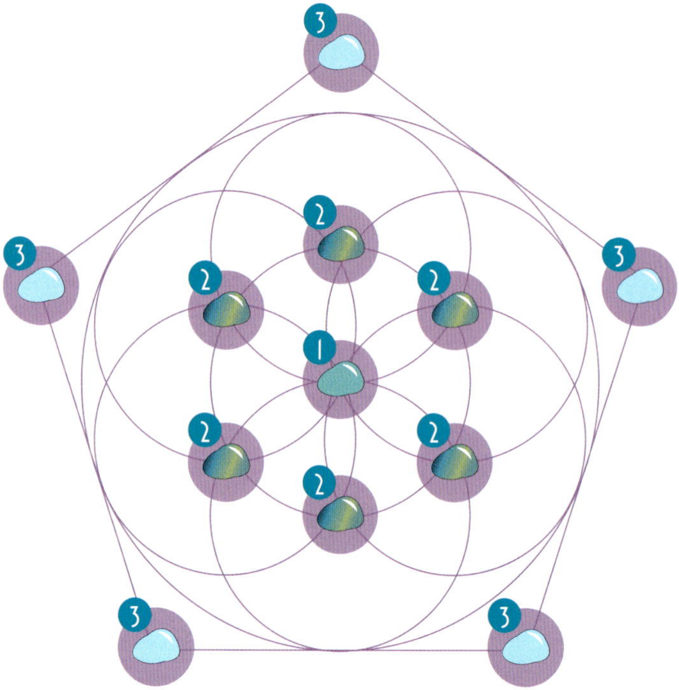

MANDALA DE CRISTAUX POUR UN NOUVEAU COMMENCEMENT

Vous pouvez vous servir de ce mandala régulier de cristaux quand vous cherchez à prendre un nouveau départ. Utilisez ce mandala pour vous aider dans de nouveaux projets, ou pour faire de grands changements dans votre vie. Vous pouvez vous servir de ce mandala en période de transition personnelle et quand vous faites des avancées courageuses dans votre vie. Rédigez une affirmation de votre intention sur un petit morceau de papier. Pliez-le et mettez-le sous la pierre centrale.

Conseil : vous pouvez aussi placer une petite carte, ou une image imprimée, du dieu hindou Ganesh sous votre pierre centrale. Ganesh, ou Ganesha, le dieu à tête d'éléphant, est celui qui ouvre les chemins et qui ôte les obstacles.

CRISTAUX UTILISÉS

- 1 grosse amazonite
- 6 pierres roulées de labradorite
- 5 pierres roulées ou pointes de célestine

MATRICE DE MANDALA RÉGULIER DE CRISTAUX : M

SIGNIFICATION DE LA GÉOMÉTRIE SACRÉE

Le pentagone est pour la liberté et le changement. La Graine de Vie est pour les nouveaux commencements.

1 PIERRE CENTRALE : AMAZONITE

En position 1, placez une grosse amazonite. L'amazonite vous aide à prendre un nouveau départ. Vous pouvez substituer à ce cristal un quartz hématoïde ou cristal de roche.

2 PIERRES INTÉRIEURES DE SOUTIEN : LABRADORITE

En position 2, disposez les six pierres roulées de labradorite. La labradorite facilite les transitions. Ces cristaux peuvent être remplacés par de la fluorite.

③ PIERRES EXTÉRIEURES DE SOUTIEN : CÉLESTINE

En position 3, disposez les cinq pierres roulées ou pointes de célestine, dirigées vers l'extérieur. La célestine vous aide à passer à de nouveaux chapitres de votre vie. Ces cristaux peuvent être remplacés par des pierres de lune, des chrysoprases citron ou du cristal de roche. Si vous utilisez des pointes de cristal, dirigez-les vers l'extérieur.

DÉCLARATION D'INTENTION

« Je programme ce mandala de cristaux pour qu'il me soutienne et me guide vers de nouveaux changements lumineux dans ma vie. »

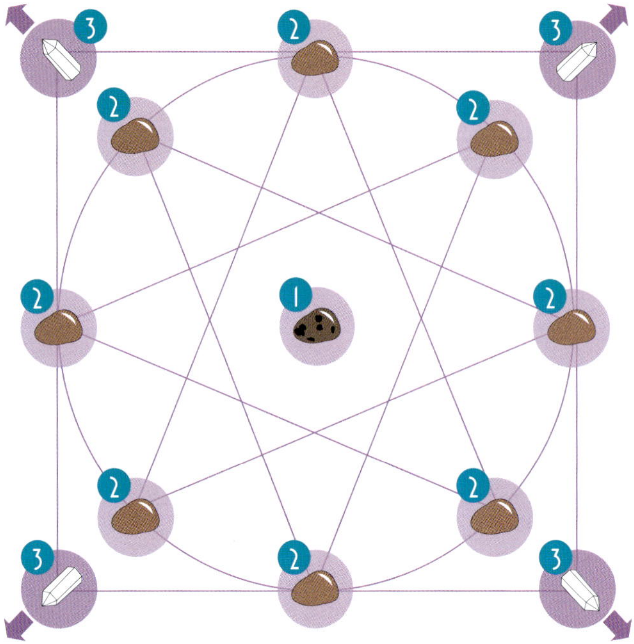

MANDALA DE CRISTAUX POUR SURMONTER LES OBSTACLES

Vous pouvez vous servir de ce mandala régulier de cristaux pour surmonter les obstacles. Utilisez cette roue tourbillonnante pour franchir des blocages qui vous empêchent d'atteindre vos objectifs, vos ambitions, ou qui freinent une situation. Ces barrières peuvent être levées, de l'aide peut apparaître et de nouveaux chemins peuvent être tracés pour contourner ces murs.

Rédigez une affirmation de votre intention sur un petit morceau de papier. Pliez-le et mettez-le sous la pierre centrale.

Conseil : vous pouvez aussi placer une petite image imprimée, du dieu hindou Ganesh sous votre pierre centrale. Ganesh, ou Ganesha, le dieu à tête d'éléphant, est celui qui ouvre les chemins et qui ôte les obstacles.

CRISTAUX UTILISÉS

- 1 grosse obsidienne acajou
- 8 pierres roulées de bronzite
- 4 pointes de cristal de roche

MATRICE DE MANDALA RÉGULIER DE CRISTAUX : E

SIGNIFICATION DE LA GÉOMÉTRIE SACRÉE

Le carré apporte la force intérieure et l'endurance. Le cercle est pour l'engagement et la concentration. L'octogramme renforce la détermination et apporte la réussite.

1 PIERRE CENTRALE : OBSIDIENNE ACAJOU

En position 1, placez une grosse obsidienne acajou. L'obsidienne acajou aide à renverser et à écarter les obstacles. Vous pouvez substituer à ce cristal un amas étoilé d'aragonite (brune), ou une ammolite (ammonite iridescente).

2 PIERRES INTÉRIEURES DE SOUTIEN : BRONZITE

En position 2, disposez les huit pierres roulées de bronzite. La bronzite apporte détermination et confiance en soi. Ces cristaux peuvent être remplacés par des œils-de-tigre ou des œils-de-fer.

3 PIERRES EXTÉRIEURES DE SOUTIEN : CRISTAL DE ROCHE

En position 3, disposez les quatre pointes de cristal de roche, dirigées vers l'extérieur. Le cristal de roche concentre et amplifie les énergies et l'intention.

DÉCLARATION D'INTENTION

« Je programme ce mandala de cristaux pour ôter et dissoudre tous les obstacles qui m'empêchent de… si c'est pour le plus grand bien de tous. »

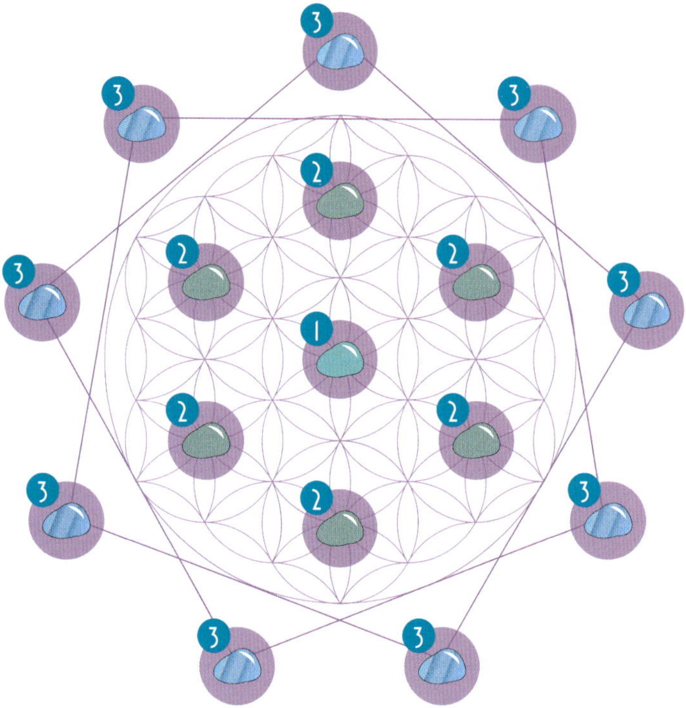

MANDALA DE CRISTAUX POUR LA PAIX ET L'HARMONIE

Vous pouvez vous servir de ce mandala régulier de cristaux pour apporter la paix et l'harmonie. Utilisez cette fleur de lotus à neuf pétales pour apaiser les situations disharmonieuses. Il contribuera à ramener une énergie paisible dans votre vie ou votre environnement. Ce mandala peut être construit après une dispute très vive, ou une série de différends. Rédigez une affirmation de votre intention sur un petit morceau de papier. Si cette situation implique votre famille ou une relation, vous pouvez aussi ajouter une photo prise à un moment plus heureux. Placez-la sous la pierre centrale avec votre note.

Conseil : faites brûler quelques bâtons d'encens au lotus pour purifier et élever rapidement l'énergie de votre espace de vie.

CRISTAUX UTILISÉS

- 1 grosse amazonite
- 6 pierres roulées de jade vert
- 9 pierres roulées de calcédoine rubannée bleue

MATRICE DE MANDALA RÉGULIER DE CRISTAUX : F

SIGNIFICATION DE LA GÉOMÉTRIE SACRÉE

L'ennéagramme favorise l'unité et la paix. La Fleur de Vie apporte équilibre et harmonie.

1 PIERRE CENTRALE : AMAZONITE

En position 1, placez une grosse amazonite. L'amazonite apporte la paix. Vous pouvez substituer à ce cristal du quartz rose ou du cristal de roche.

2 PIERRES INTÉRIEURES DE SOUTIEN : JADE VERT

En position 2, disposez les six pierres roulées de jade vert. Le jade vert apporte des énergies paisibles. Ces cristaux peuvent être remplacés par du jade blanc, de l'aventurine verte, de la turquoise ou du larimar.

3 PIERRES EXTÉRIEURES DE SOUTIEN : CALCÉDOINE RUBANNÉE BLEUE

En position 3, disposez les neuf pierres roulées de calcédoine rubannée bleue. La calcédoine rubannée bleue favorise une communication harmonieuse. Ces cristaux peuvent être remplacés par de l'angélite, de la rhodonite ou des pointes de cristal de roche, dirigées vers l'extérieur.

DÉCLARATION D'INTENTION

« Je programme ce mandala de cristaux pour restaurer la paix et l'harmonie entre... si c'est pour le plus grand bien de toutes les personnes concernées. »

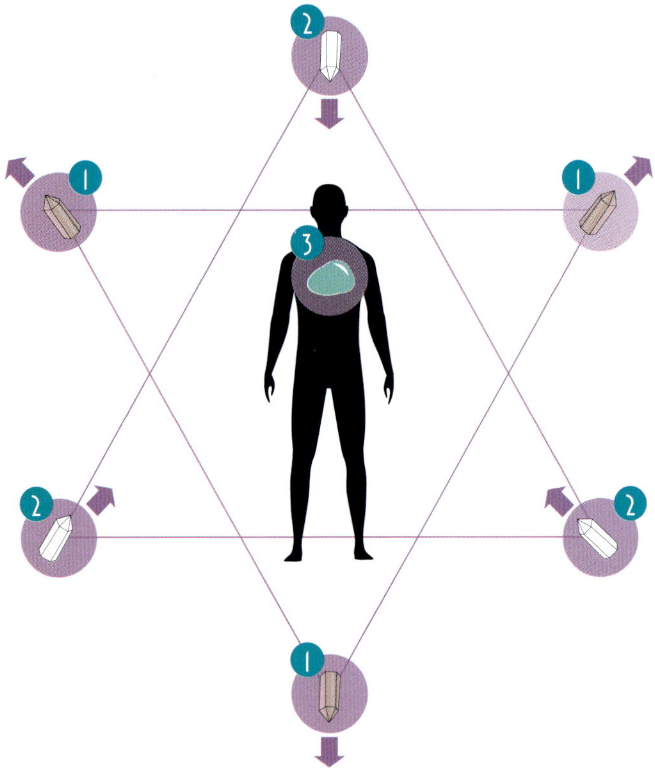

MANDALA DE CRISTAUX POUR LA GUÉRISON PERSONNELLE

Ce mandala de cristaux corporel sert à favoriser la santé et la guérison. Il va chasser les énergies stagnantes et faire venir une énergie de guérison. Servez-vous de cette étoile de guérison quand vous êtes malade, ou en période de convalescence. Vous pouvez aussi vous servir de ce mandala quand vous vous sentez à plat ou quand votre système immunitaire est affaibli. Ce mandala de cristaux peut être utilisé chaque jour aussi longtemps que nécessaire pour contribuer à restaurer votre santé et pour équilibrer vos énergies. Servez-vous de la méthode d'activation tout-en-un.

Conseil : quand vous sélectionnez la pierre roulée pour la position du chakra cardiaque, choisissez-en une qui a un côté plat, de sorte qu'elle ne bougera pas quand vous la placerez sur votre corps.

CRISTAUX UTILISÉS

- 3 pointes de quartz fumé
- 3 pointes de cristal de roche
- 1 pierre roulée d'amazonite

MANDALA DE CRISTAUX CORPOREL

SIGNIFICATION DE LA GÉOMÉTRIE SACRÉE

L'Étoile de David équilibre les énergies spirituelles et physiques.

1 PIERRES DE SOUTIEN : QUARTZ FUMÉ

En position 1, disposez trois pointes de quartz fumé, dirigées vers l'extérieur. Le quartz fumé vous ancre et absorbe les énergies négatives. Ces cristaux peuvent être remplacés par des pointes de tourmaline noire ou des citrines.

2 PIERRES DE SOUTIEN : CRISTAL DE ROCHE

En position 2, disposez trois pointes de cristal de roche, dirigées vers l'intérieur. Le cristal de roche apporte une énergie de guérison et étend l'aura.

3 CRISTAL DE CHAKRA : AMAZONITE

Allongez-vous dans le mandala. En position 3, placez la pierre roulée d'amazonite sur votre chakra cardiaque, au milieu de votre poitrine. L'amazonite est guérisseuse, et équilibre les énergies. Vous pouvez substituer à ce cristal une turquoise, ou un lapis-lazuli.

Fermez les yeux et prenez plusieurs inspirations profondes. Restez allongé pendant environ 10 à 15 minutes. Prenez votre temps avant de vous relever.

DÉCLARATION D'INTENTION

« Je programme ce mandala de cristaux pour me guérir et équilibrer mes énergies à tous les niveaux. »

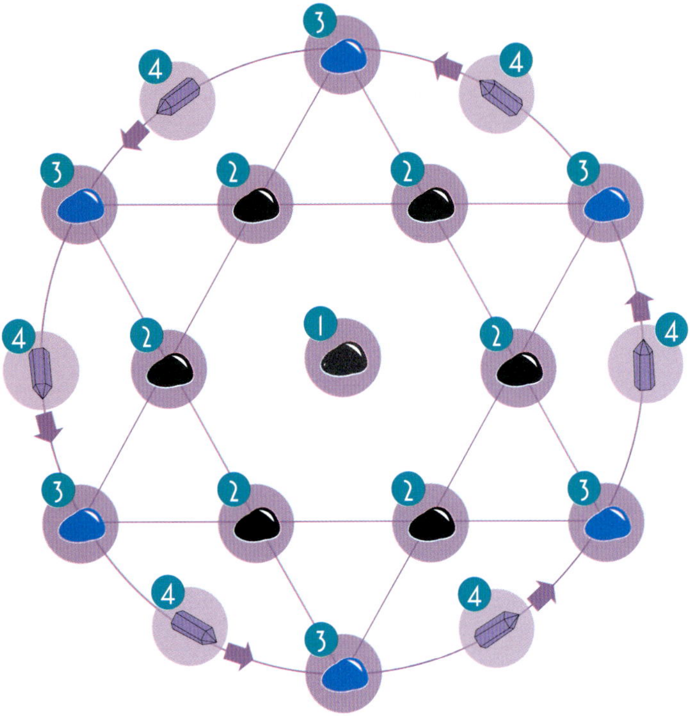

MANDALA DE CRISTAUX POUR LA PROTECTION

Vous pouvez vous servir de ce mandala régulier de cristaux pour la protection spirituelle et psychique. Utilisez ce mandala pour vous protéger, ou pour protéger votre famille, les personnes que vous aimez, ou quelqu'un d'autre. Cette armée de cristaux va vous abriter et vous protéger de toute forme de mal. Si vous protégez quelqu'un d'autre, ou votre famille, vous pouvez aussi ajouter une photo. Mettez-la avec la note. Rédigez une affirmation de votre intention sur un petit morceau de papier. Pliez-le et mettez-le sous la pierre centrale.

Conseil : comme pierre centrale, vous pouvez utiliser un cristal Merkaba, un œuf de cristal, un cristal taillé en forme d'ange ou un cristal Bouddha Rieur.

CRISTAUX UTILISÉS

- 1 grosse hématite
- 6 pierres roulées d'obsidienne noire
- 6 pierres roulées de lapis-lazuli
- 6 pointes de cristal d'améthyste

MATRICE DE MANDALA RÉGULIER DE CRISTAUX : N

SIGNIFICATION DE LA GÉOMÉTRIE SACRÉE

L'Étoile de David est pour le soutien spirituel et la protection. Le cercle crée une frontière énergétique ou un bouclier psychique.

1 PIERRE CENTRALE : HÉMATITE

En position 1, placez une grosse hématite. L'hématite protège et renforce votre aura. Vous pouvez substituer à ce cristal du quartz fumé, ou du cristal de roche.

2 PIERRES INTÉRIEURES DE SOUTIEN : OBSIDIENNE NOIRE

En position 2, disposez les six pierres roulées ou pointes de flèche d'obsidienne noire, dirigées vers l'extérieur. L'obsidienne noire est hautement protectrice. Ces cristaux peuvent être remplacés par de l'onyx noir ou des obsidiennes larmes d'apache.

③ PIERRES EXTÉRIEURES DE SOUTIEN : LAPIS-LAZULI

En position 3, disposez les six pierres roulées de lapis-lazuli. Le lapis-lazuli apporte la protection spirituelle. Ces cristaux peuvent être remplacés par des œils-de-taureau ou des œils-de-tigre.

④ PIERRES EXTÉRIEURES DE SOUTIEN : AMÉTHYSTE

En position 4, disposez les six pointes de cristal d'améthyste, dirigées dans le sens antihoraire. L'améthyste sert pour la protection et la transmutation psychique. Ces cristaux peuvent être remplacés par des pointes de cristal de tourmaline noire.

DÉCLARATION D'INTENTION

« Je programme ce mandala de cristaux pour qu'il protège… de toute forme de mal. »

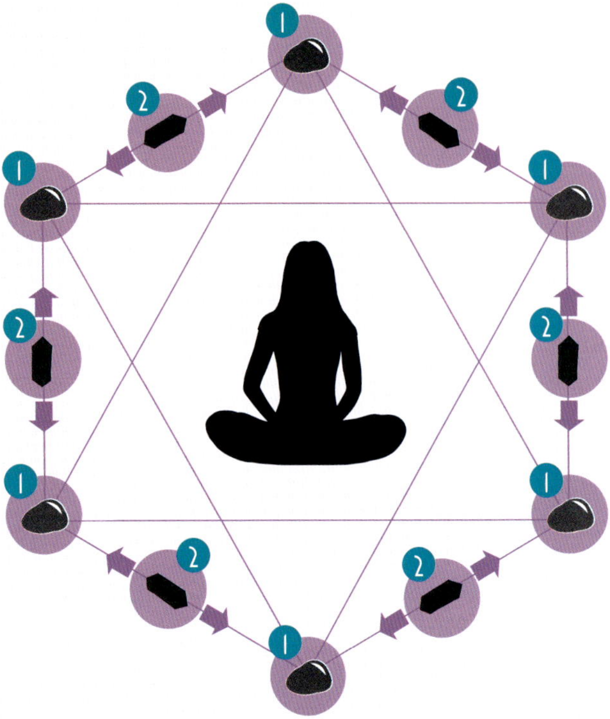

MANDALA DE CRISTAUX BOUCLIER CONTRE LES ATTAQUES PSYCHIQUES

Vous pouvez utiliser ce mandala de cristaux corporel si vous subissez une attaque psychique. Activez ce bouclier de protection d'urgence si vous sentez que quelqu'un vous envoie des pensées ou des énergies nocives. Les cristaux formeront un bouclier contre les énergies négatives et briseront le lien. Répétez aussi souvent que nécessaire. Si la situation dure, utilisez l'un des autres mandalas de protection plus permanents de ce livre. Servez-vous de la méthode d'activation tout-en-un.

Conseil : portez des bijoux en hématite pendant au moins les prochaines 24 heures..

CRISTAUX UTILISÉS

- 6 grosses pierres roulées d'hématite
- 6 pointes de tourmaline noire biterminées

MANDALA DE CRISTAUX CORPOREL

SIGNIFICATION DE LA GÉOMÉTRIE SACRÉE

L'Étoile de David et l'hexagone apportent la protection spirituelle.

1 PIERRES DE SOUTIEN : HÉMATITE

En position 1, disposez six grosses pierres roulées d'hématite. L'hématite apporte une grande protection et renforce votre aura. Ces cristaux peuvent être remplacés par des œils-de-taureau.

2 PIERRES DE SOUTIEN : TOURMALINE NOIRE

En position 2, disposez six pointes de cristal biterminées de tourmaline noire. La tourmaline noire est protectrice et absorbe les énergies négatives. Ces cristaux peuvent être remplacés par des quartz fumés biterminés ou des cristaux biterminés de quartz morion. Si vous ne disposez que de pointes monoterminées, faites en sorte qu'elles soient dirigées dans le sens antihoraire. Vous pouvez aussi vous servir de pointes de flèches d'obsidienne noire, dirigées dans le sens antihoraire.

Asseyez-vous dans ce mandala pendant au moins 15 minutes à une demi-heure. Prenez plusieurs inspirations profondes et essayez de vous détendre. Visualisez-vous dans une grande sphère métallique d'hématite. Prenez votre temps avant de vous relever.

DÉCLARATION D'INTENTION

« Je programme ce mandala de cristaux pour qu'il devienne un bouclier de protection impénétrable et qu'il barre le passage à toute forme de mal, maintenant ! »

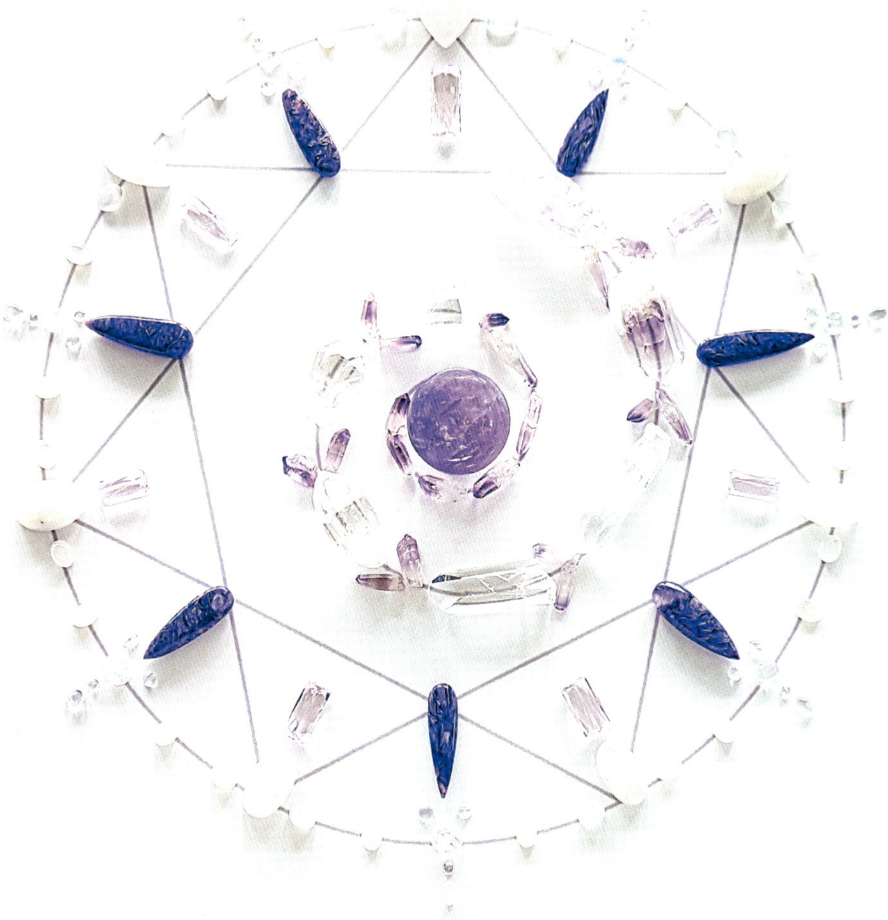

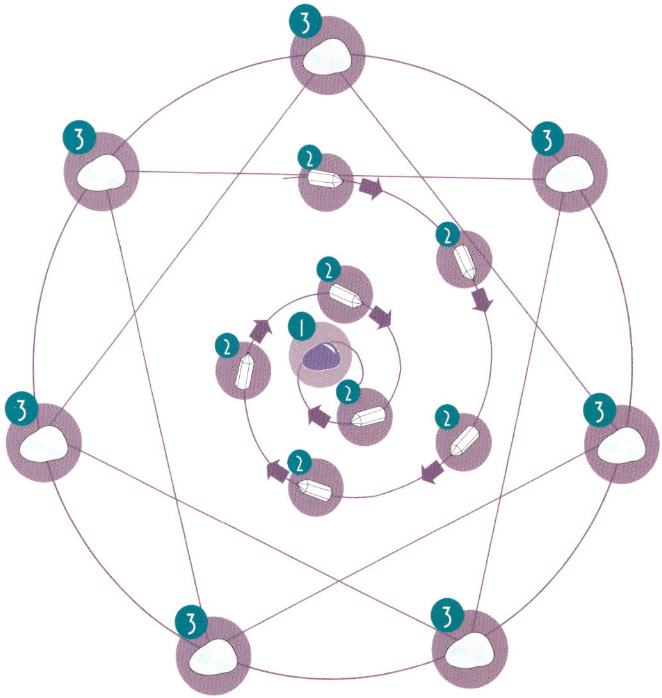

MANDALA DE CRISTAUX BOUCLIER POUR LE DÉVELOPPEMENT PSYCHIQUE

Vous pouvez vous servir de ce mandala régulier de cristaux pour vous aider à développer vos aptitudes psychiques ou votre intuition. Utilisez ce mandala mystique pour augmenter votre conscience et votre perception des énergies subtiles. Ce mandala de cristaux devrait être utilisé en conjonction avec des exercices et des études de développement psychique. Rédigez une affirmation de votre intention sur un petit morceau de papier. Pliez-le et mettez-le sous la pierre centrale.

Conseil : vous pouvez utiliser une sphère de cristal comme pierre centrale pour concentrer encore davantage les énergies de votre chakra du troisième œil. Ou bien, utiliser un cristal Merkaba pour la croissance spirituelle.

CRISTAUX UTILISÉS

- 1 grosse améthyste
- 7 pointes de cristal de roche
- 7 pierres roulées de labradorite blanche

MATRICE DE MANDALA RÉGULIER DE CRISTAUX : O

SIGNIFICATION DE LA GÉOMÉTRIE SACRÉE

L'heptagramme apporte la connaissance spirituelle. Le cercle est pour la concentration et la protection. La spirale est pour le développement spirituel et la guidance intérieure.

1 PIERRE CENTRALE : AMÉTHYSTE

En position 1, placez un gros cristal d'améthyste. L'améthyste accélère le développement psychique. Vous pouvez substituer à ce cristal une améthyste chevron ou un cristal de roche.

2 PIERRES INTÉRIEURES DE SOUTIEN : CRISTAL DE ROCHE

En position 2, disposez les sept pointes de cristal de roche, dirigées dans le sens horaire, où vous voulez le long de la spirale. Le cristal de roche apporte des messages intuitifs clairs.

❸ PIERRES EXTÉRIEURES DE SOUTIEN : LABRADORITE BLANCHE

En position 3, disposez les sept labradorites blanches roulées. La labradorite blanche est bonne pour l'intuition et le développement psychique. Ces cristaux peuvent être remplacés par de la pierre de lune, de la sodalite ou du lapis-lazuli.

DÉCLARATION D'INTENTION

« Je programme ce mandala de cristaux pour m'aider à développer mes aptitudes psychiques, et recevoir des messages clairs de mon intuition. »

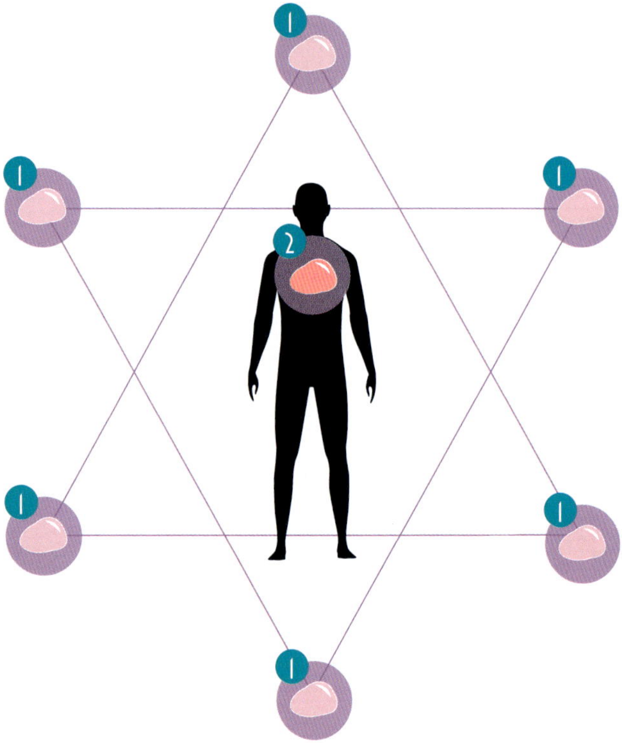

MANDALA DE CRISTAUX POUR L'AMOUR DE SOI

Ce mandala de cristaux corporel sert à développer un plus grand amour de soi. Le quartz rose vous aidera à guérir votre corps émotionnel et à mieux l'intégrer en lien avec le corps physique. Le cristal placé sur la poitrine ouvre et nettoie le chakra cardiaque. Ce mandala de cristaux pour la guérison personnelle peut être utilisé chaque jour, ou quand vous en ressentez le besoin. Il devrait être utilisé en conjonction avec l'ajout d'habitudes régulières d'entretien de soi, et de moments que vous vous réservez dans votre vie. Servez-vous de la méthode d'activation tout-en-un.

Conseil : vous pouvez utiliser des cristaux en forme de cœur comme pierre centrale ou pour n'importe laquelle des pierres de soutien si vous le souhaitez.

CRISTAUX UTILISÉS

- 6 pierres roulées de quartz rose
- 1 pierre roulée de rhodochrosite

MANDALA DE CRISTAUX CORPOREL

SIGNIFICATION DE LA GÉOMÉTRIE SACRÉE

L'Étoile de David intègre les énergies spirituelles et physiques. C'est aussi un ancien symbole du chakra cardiaque.

1 PIERRES DE SOUTIEN : QUARTZ ROSE

En position 1, disposez six pierres roulées de quartz rose. Le quartz rose guérit le cœur. Ces cristaux peuvent être remplacés par de la manganocalcite ou des opales roses.

2 CRISTAL DE CHAKRA : RHODOCHROSITE

Allongez-vous dans le mandala. Placez en position 2 la pierre roulée de rhodochrosite, sur votre chakra cardiaque, au milieu de votre poitrine. La rhodochrosite nettoie en profondeur le chakra cardiaque et contribue à développer l'amour de soi. Vous pouvez substituer à ce cristal une rhodonite, une chrysocolle ou une amazonite.

Fermez les yeux et prenez plusieurs inspirations profondes. Restez allongé pendant environ 10 à 15 minutes. Prenez votre temps avant de vous relever.

DÉCLARATION D'INTENTION

« Je programme ce mandala de cristaux pour guérir mon cœur et développer un plus grand amour de moi-même. »

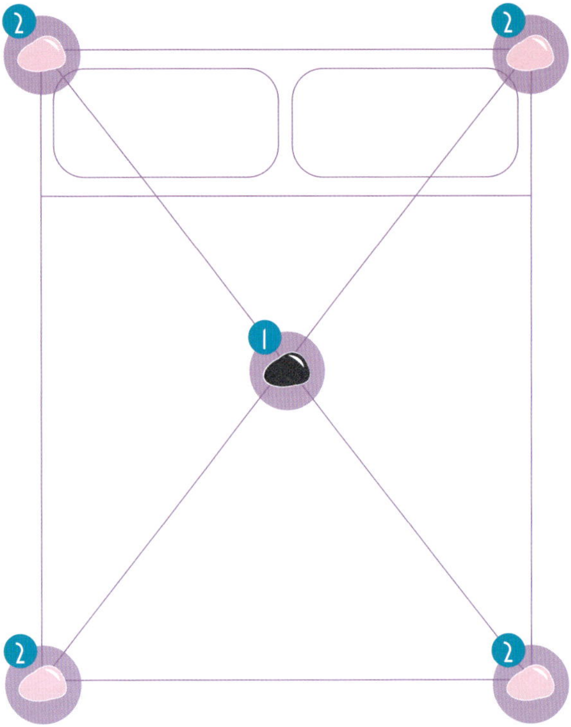

MANDALA DE CRISTAUX POUR BIEN DORMIR

Vous pouvez vous servir de ce mandala de cristaux de lieu pour avoir une meilleure nuit de sommeil. Les cristaux de ce mandala créent une énergie d'ancrage apaisante qui favorise le sommeil. Les cristaux devront être purifiés régulièrement pour un fonctionnement optimal. Je vous recommande de le faire une fois par semaine, ou au moins une fois par mois. Si vous placez les cristaux sous un matelas, n'oubliez pas de les envelopper de quelque chose de doux et de protecteur pour qu'ils ne soient pas endommagés. Servez-vous de la méthode d'activation tout-en-un.

Conseil : évitez d'utiliser des pointes de cristal ou des pyramides, qui peuvent apporter trop d'énergie dans la zone de sommeil. Essayez de vous servir de formes arrondies, comme des pierres roulées, des œufs ou des sphères de cristal.

CRISTAUX UTILISÉS

- 1 grosse hématite
- 4 pierres roulées de quartz rose de taille moyenne

MANDALA DE CRISTAUX DE LIEU

SIGNIFICATION DE LA GÉOMÉTRIE SACRÉE

Le carré crée un environnement de soutien et de protection. La croix contribue à intégrer et à équilibrer les corps physique et spirituel.

1 PIERRE CENTRALE : HÉMATITE

En position 1, placez une grosse hématite sous le lit. Surtout, utilisez une pierre roulée, aux formes douces et arrondies. L'hématite maintiendra votre énergie bien ancrée et protégée durant votre sommeil. Vous pouvez remplacer ce cristal par un jaspe rouge, une tourmaline noire ou un quartz fumé.

2 PIERRES DE SOUTIEN : QUARTZ ROSE

En position 2, placez quatre pierres roulées de quartz rose de taille moyenne à grosse sous le lit ou le matelas. Ces cristaux peuvent être remplacés par de la turquoise ou de la howlite.

DÉCLARATION D'INTENTION

« Je programme ce mandala de cristaux pour qu'il me donne un sommeil profond, paisible et réparateur. »

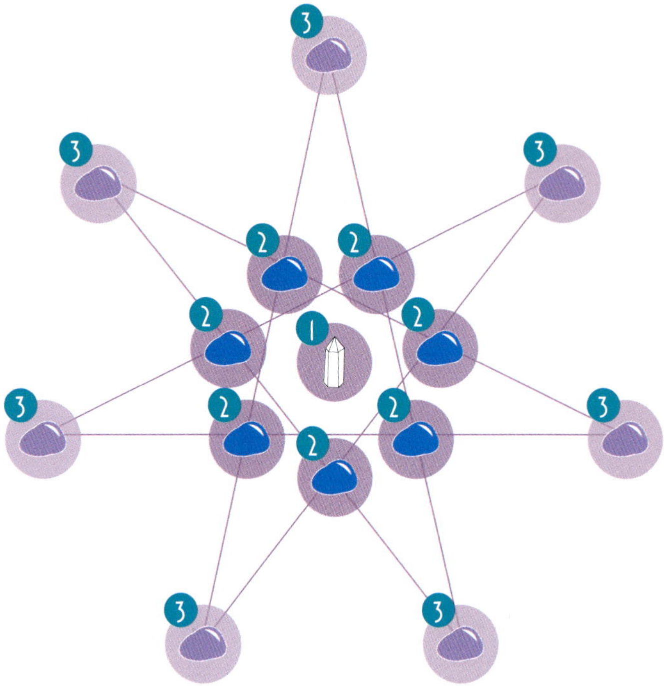

MANDALA DE CRISTAUX POUR LA GUIDANCE SPIRITUELLE

Vous pouvez vous servir de ce mandala régulier de cristaux pour recevoir une guidance spirituelle. Utilisez cette étoile mystique pour recevoir des messages et des signaux de l'univers ou de vos guides concernant les prochaines étapes de votre vie. Cette guidance peut venir sous la forme de connaissances intuitives, de synchronicités, de rêves, de gens qui vous aident ou d'informations rencontrées dans les livres ou sur internet, par exemple. Rédigez une affirmation de votre intention sur un petit morceau de papier. Pliez-le et mettez-le sous la pierre centrale.

Conseil : vous pouvez utiliser une pointe de cristal verticale ou une pyramide de cristal comme pierre centrale, pour qu'elle agisse comme une antenne.

CRISTAUX UTILISÉS

- 1 gros cristal de roche
- 7 pierres roulées de lapis-lazuli
- 7 pierres roulées d'améthyste

MATRICE DE MANDALA RÉGULIER DE CRISTAUX : P

SIGNIFICATION DE LA GÉOMÉTRIE SACRÉE

L'heptagramme apporte connaissance spirituelle et sagesse.

1 PIERRE CENTRALE : CRISTAL DE ROCHE

En position 1, placez un gros cristal de roche. Le cristal de roche apporte des intuitions claires et des messages spirituels. Vous pouvez substituer à ce cristal une améthyste chevron.

2 PIERRES INTÉRIEURES DE SOUTIEN : LAPIS-LAZULI

En position 2, disposez les sept pierres roulées de lapis-lazuli. Le lapis-lazuli stimule l'intuition et la connexion spirituelle. Ces cristaux peuvent être remplacés par des sodalites, des pierres de lune ou des labradorites blanches.

3 PIERRES EXTÉRIEURES DE SOUTIEN : AMÉTHYSTE

En position 3, disposez les sept pierres roulées d'améthyste. L'améthyste est utilisée pour la connexion spirituelle. Ces cristaux peuvent être remplacés par des quartz diamant de Herkimer ou des améthystes chevron si vous ne vous en servez pas déjà.

DÉCLARATION D'INTENTION

« Je programme ce mandala de cristaux pour qu'il m'aide à recevoir une guidance spirituelle au sujet de... »

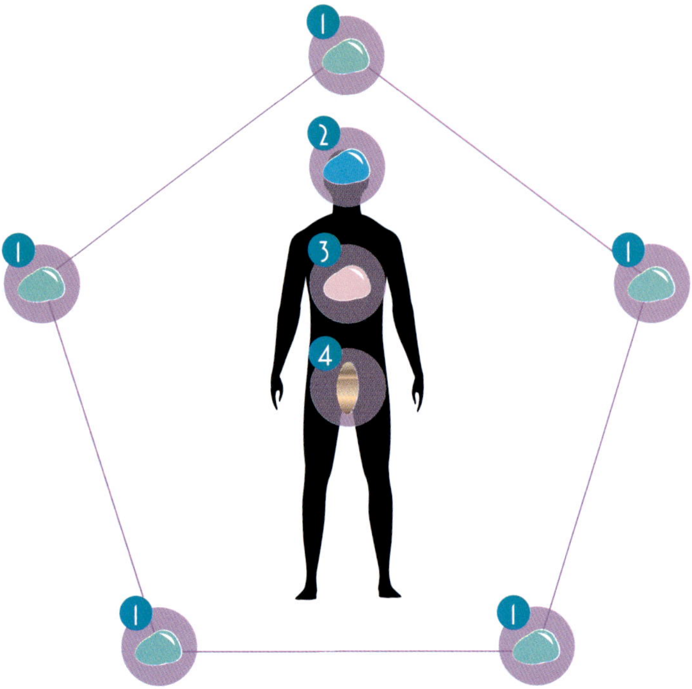

MANDALA DE CRISTAUX POUR SOULAGER LE STRESS

Ce schéma de mandala de cristaux corporel peut être très utile pour soulager le stress. Vous pouvez mettre en place ce mandala à la fin d'une journée stressante, ou quand vous êtes enlisé dans une période stressante de votre vie. Ce mandala conçu pour dissiper le stress peut être adapté pour traiter trois types de stress différents. Vous pouvez sélectionner un, deux ou trois des cristaux de chakra selon votre situation actuelle et le type de stress que vous subissez. Servez-vous de la méthode d'activation tout-en-un.

Conseil : vous pouvez stocker ces cristaux tous ensemble dans un sachet à lacet ou une petite boîte, pour qu'ils soient facilement disponibles quand vous traversez des moments stressants.

CRISTAUX UTILISÉS

- 5 pierres roulées d'amazonite
- 1 pierre roulée de turquoise
- 1 pierre roulée de quartz rose
- 1 Shiva Lingam

MANDALA DE CRISTAUX CORPOREL

SIGNIFICATION DE LA GÉOMÉTRIE SACRÉE

Le pentagone apporte liberté et renouveau.

1 PIERRES DE SOUTIEN : AMAZONITE

En position 1, disposez cinq pierres roulées d'amazonite. L'amazonite contribue à apporter l'équilibre et à dissoudre le stress. Ces cristaux peuvent être remplacés par de la howlite ou des pointes de cristal de roche, dirigées vers l'extérieur.

2 CRISTAL DE CHAKRA : TURQUOISE

Allongez-vous dans le mandala. Si vous subissez un stress mental, placez en position 2 une pierre roulée de turquoise sur votre chakra du troisième œil. Substitut possible : howlite.

3 CRISTAL DE CHAKRA : QUARTZ ROSE

Si vous subissez un stress émotionnel, placez en position 3 une pierre roulée de quartz rose sur votre chakra cardiaque, au milieu de votre poitrine. Substitut possible : rhodochrosite.

4 CRISTAL DE CHAKRA : SHIVA LINGAM

Si vous subissez un stress financier ou lié au travail, placez en position 4 un Shiva Lingam sur ou sous votre chakra racine, à la base de votre colonne vertébrale. Substitut possible : jaspe rouge.

Fermez les yeux et prenez plusieurs inspirations profondes. Restez allongé pendant environ 15 à 20 minutes. Prenez votre temps avant de vous relever.

DÉCLARATION D'INTENTION

« Je programme ce mandala de cristaux pour dissoudre tout stress de mon corps et de mon aura. »

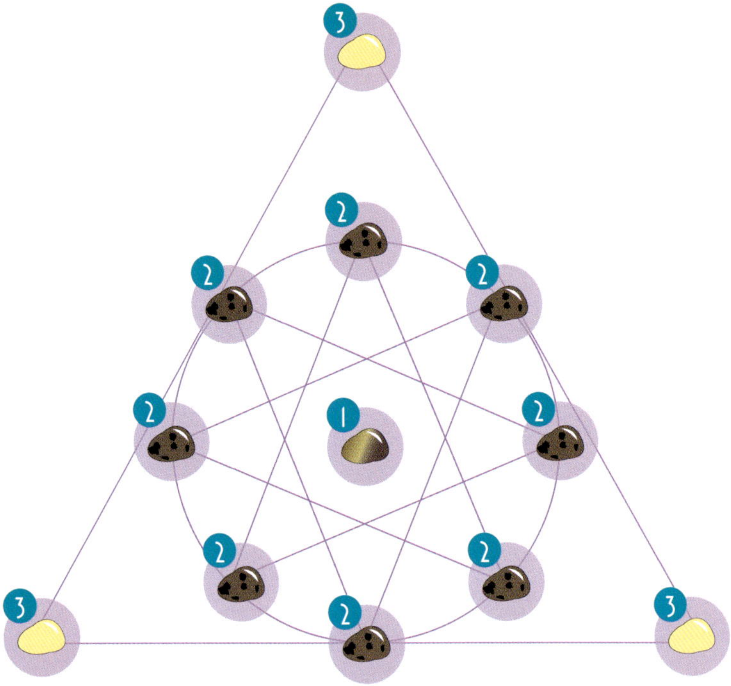

MANDALA DE CRISTAUX POUR LA RÉUSSITE

Vous pouvez vous servir de ce mandala régulier de cristaux pour améliorer vos chances de réussite. Utilisez cette pyramide dorée pour contribuer à la réussite d'un projet ou d'un objectif. Laissez ce mandala vous donner la détermination inébranlable de le réaliser. Il vous aide à aller de l'avant dans vos projets, en vous stimulant et en vous aidant à surmonter les difficultés. Rédigez une affirmation de votre intention sur un petit morceau de papier. Pliez-le et mettez-le sous la pierre centrale.

Conseil : vous pouvez aussi placer une pièce chinoise porte-bonheur sur le papier plié pour attirer richesse et prospérité. Ce sont des pièces anciennes (ou des reproductions) avec un trou carré au milieu. Assurez-vous toujours que le côté portant les quatre caractères soit visible.

CRISTAUX UTILISÉS

- 1 gros œil-de-tigre
- 8 pierres roulées d'obsidienne acajou
- 3 pierres roulées de citrine

MATRICE DE MANDALA RÉGULIER DE CRISTAUX : L

SIGNIFICATION DE LA GÉOMÉTRIE SACRÉE

L'octogramme est pour la réussite et la détermination. Le cercle est pour la concentration et l'engagement. Le triangle est pour la manifestation.

1 PIERRE CENTRALE : ŒIL-DE-TIGRE

En position 1, placez un gros œil-de-tigre. L'œil-de-tigre apporte la confiance en soi, la foi et la réussite. Vous pouvez substituer à ce cristal une citrine ou un cristal de roche.

2 PIERRES INTÉRIEURES DE SOUTIEN : OBSIDIENNE ACAJOU

En position 2, disposez les huit pierres roulées ou pointes de flèche d'obsidienne acajou, dirigées vers l'extérieur. L'obsidienne acajou aide à surmonter les obstacles. Ces cristaux peuvent être remplacés par de l'aragonite (brune) ou de la bronzite.

③ PIERRES EXTÉRIEURES DE SOUTIEN : CITRINE

En position 3, disposez trois pierres roulées de citrine. Si vous préférez utiliser des pointes de citrine, dirigez-les vers l'extérieur. La citrine attire la réussite et soutient la manifestation. Ces cristaux peuvent être remplacés par de la pyrite, du jade vert ou du jade néphrite.

DÉCLARATION D'INTENTION

« Je programme ce mandala de cristaux pour la réussite de... si c'est pour mon plus grand bien et pour le plus grand bien de tous. »

CHAPITRE 10

CRÉER VOS PROPRES MANDALAS DE CRISTAUX

Lorsque vous aurez essayé quelques-uns des mandalas de cristaux qui figurent dans ce livre, vous voudrez peut-être commencer à créer les vôtres. Peut-être voudrez-vous composer un mandala de cristaux pour un besoin spécifique qui n'est pas couvert ici ? Ou bien, peut-être que l'un des mandalas n'est pas exactement ce que vous cherchez. Vous voudrez peut-être créer un mandala de cristaux en ne suivant que votre intuition quant à la disposition et au choix des pierres.

Tout le monde peut faire des mandalas de cristaux, et même s'il vous est possible de suivre simplement votre intuition en les créant, je pense sincèrement que c'est en associant la tête et le cœur que vous obtiendrez les résultats les plus prévisibles.

Il y a un nombre infini de moyens de combiner cristaux et géométrie sacrée. Nous avons la chance de vivre sur une planète aux minéraux naturels abondants. Il y a beaucoup d'autres cristaux que j'aurais pu utiliser pour les mandalas de ce livre. Il y a plus d'une recette de gâteau, et il en va de même pour les mandalas de cristaux.

Dans ce chapitre, je vais vous expliquer comment j'assemble mes mandalas de cristaux, pour que vous ayez un processus à suivre ou un guide sur lequel baser vos propres formules. Ensuite, servez-vous de votre intuition et de votre connaissance intérieure pour décider de ce qui fonctionnera le mieux pour vos mandalas.

ÉTABLISSEZ VOTRE INTENTION

La graine de tous les mandalas de cristaux, c'est leur intention. Commencez par réfléchir à ce que vous voulez précisément que fasse votre mandala. Vous pouvez vous servir d'un carnet de note ou d'un journal pour vous concentrer sur quelque chose que vous voulez manifester ou faire avec votre mandala. Si vous pouvez le résumer en à peine quelques mots, vous aurez plus de clarté et de concentration.

Ce sera le titre de votre mandala de cristaux. Quand vous mettez par écrit votre mandala de cristaux, il vous faut un nom qui indique clairement à quoi il doit servir, pour que vous puissiez vous en servir à nouveau à l'avenir. Ces quelques mots peuvent aussi servir de base à votre déclaration d'intention. Vous vous en servirez quand vous activerez le mandala de cristaux et si vous ajoutez une note sous la pierre centrale.

EXPLOREZ DIVERS CHOIX DE CRISTAUX

Ensuite, faites une liste des cristaux que vous pourriez inclure dans votre mandala de cristaux. N'essayez pas de viser la perfection : vous n'avez besoin que d'une liste de cristaux que vous pourriez utiliser pour ce mandala spécifique. Ces cristaux doivent tous être alignés avec le but de votre mandala.

Si vous avez de bonnes connaissances en lithothérapie, vous savez peut-être déjà quels cristaux utiliser. Sinon, servez-vous de sources fiables et recommandées, comme des livres sur les propriétés des différents types de cristaux. Utilisez l'index d'un bon livre pour y trouver des idées de cristaux pour votre intention. Faites une recherche en fonction de l'intention principale de votre mandala et des mots-clés associés. Pensez aux qualités dont vous auriez besoin pour atteindre votre objectif, puis faites une liste des cristaux qui renforcent ces qualités.

Vous devez aussi prendre en considération la rareté, le prix et la disponibilité. Certains cristaux sont chers ou rares. Ils peuvent parfois faire de bonnes pierres centrales. Mais quand il s'agit de pierres de soutien multiples, certaines options peuvent être simplement hors de portée. Il y a aussi certains cristaux que vous ne trouverez jamais en grande taille, et qui ne pourront pas vous servir de pierre centrale ni entourer votre maison.

CHOISIR VOS FORMES GÉOMÉTRIQUES

Avant de faire votre choix de pierres définitif, vous devez aussi réfléchir aux formes géométriques que vous allez utiliser. Pour ceci, vous pouvez vous référer au « Guide de la géométrie sacrée » au début de ce livre. Vous voudrez peut-être aussi étudier des livres sur la géométrie sacrée et les symboles. J'ai conçu mon petit guide de références pour résumer très simplement les principales propriétés et les principaux emplois de ces symboles.

Tout comme quand vous choisissez vos cristaux, vous cherchez à exploiter les énergies des formes géométriques qui vont renforcer l'intention de votre mandala de cristaux. Quand vous rencontrez des formes dont les significations sont en rapport avec votre mandala de cristaux, notez-les, ou faites-en un petit croquis. Vous devriez trouver quelques formes qu'il vous sera possible d'utiliser dans votre mandala. L'Étoile de David et la Fleur de Vie sont si universelles qu'elles constituent des choix possibles pour la plupart des mandalas.

CONCEVOIR VOTRE MANDALA DE CRISTAUX

Lorsque vous avez étudié toutes vos options, encerclez les formes qui, selon vous, conviennent le mieux à votre mandala. Vous serez peut-être en mesure de ne vous servir que d'une seule forme géométrique, ou d'en combiner deux, ou même trois. Prenez un stylo, et essayez de dessiner différentes façons de combiner ces formes. Essayez de les superposer ou de mettre une forme à l'intérieur de l'autre.

Enfin, vous créerez quelque chose dont la justesse va vous sauter aux yeux. Encerclez ou soulignez le tracé que vous aurez fini par choisir.

Si vous créez un mandala régulier de cristaux, vous devez indiquer l'emplacement de la pierre centrale. En général, ce sera le centre exact de la plupart des formes géométriques. Je trace un petit cercle, ou je mets un gros point, à cet endroit.

La plupart des formes géométriques ont des angles et des points d'intersection, où vous pouvez placer d'autres cristaux. Il y a en général au moins deux zones où vous pouvez placer un groupe de pierres de soutien. Si vous regardez les mandalas de ce livre, vous verrez que la plupart d'entre eux ont un groupe de pierres intérieures de soutien et un autre de pierres extérieures de soutien. C'est à vous de choisir où placer ces cristaux, mais essayez de suivre ce qui vous semble juste. Vous préférerez peut-être ne travailler qu'avec un seul groupe de cristaux. Lorsque vous aurez décidé où placer les pierres de soutien, marquez ces points de petits cercles ou de points.

SÉLECTIONNER VOTRE PIERRE CENTRALE

Il doit s'agir d'un cristal qui représente l'essence de votre intention, le but principal de votre mandala. Parce que ce cristal doit être plus gros que les autres, vous constaterez peut-être que les cristaux de votre liste

ne peuvent pas toujours convenir. Dans ce cas, je me servirai de cristal de roche, car il peut toujours être utilisé comme pierre centrale.

Lorsque vous aurez choisi votre pierre centrale, notez-la sur votre diagramme, près du cercle ou du point au centre de votre mandala. Vous pouvez aussi tracer une flèche pointant vers son emplacement. Il ne vous reste plus qu'à choisir la forme de votre pierre centrale. Aidez-vous de ma liste de pierres centrales recommandées. Vous pouvez bien sûr vous servir d'autres formes qui ne sont pas indiquées dans ce livre.

SÉLECTIONNER VOS PIERRES DE SOUTIEN

Ces cristaux doivent aussi représenter l'intention qui sous-tend votre mandala de cristaux, ou des qualités qui la renforcent, qui sont en rapport avec son but principal. Ils peuvent inclure d'autres propriétés, qui vous aideront à atteindre votre but, ou qui apporteront des énergies supplémentaires qui seront bénéfiques au résultat désiré. Votre mandala peut avoir besoin d'un ou de deux groupes de pierres de soutien. Si vous utilisez plus d'un groupe, voyez quels cristaux vont ajouter les propriétés qui vont vous aider.

Ces cristaux peuvent être des pierres roulées, ou dans certains cas de petites pointes de cristal. Vous pouvez aussi vous servir de formes plus spécialisées, comme des sphères et des pyramides, si elles sont disponibles et si vous êtes en mesure de le faire. Le plus important, c'est que vous puissiez trouver assez de cristaux pour compléter votre mandala. Regardez le plan de votre mandala de cristaux, et réfléchissez à l'endroit où vous voulez placer ces pierres. C'est là que votre intuition entre en jeu. Imaginez les cristaux placés sur le mandala. Quelle impression avez-vous ?

Si vous avez déjà quelques-uns des cristaux que vous pensez utiliser, vous pouvez même les mettre en place, et composer vos mandalas de cette façon. Vous trouverez une combinaison qui vous semblera convenir. Indiquez vos dernières sélections sur votre diagramme.

CONSIDÉRER LA CIRCULATION DE L'ÉNERGIE

Vous devrez encore penser à une chose en créant vos propres mandalas de cristaux : la circulation de l'énergie. Suivant l'endroit où vous mettrez vos pointes de cristal, ou vos autres formes cristallines géométriques, vous allez canaliser l'énergie de différentes manières, et dans des directions différentes.

Comme je l'ai expliqué plus tôt, les pointes de cristal dirigent les énergies, donc si vous en utilisez, réfléchissez soigneusement à la direction dans laquelle vous allez les pointer. En général, la plupart des pointes de cristal d'un mandala de cristaux pointent vers l'extérieur. Ceci est basé sur l'idée que vous envoyez des énergies dans l'univers pour manifester, libérer ou envoyer de la guérison, par exemple. Les pointes de cristal dirigées vers l'intérieur peuvent être utilisées pour attirer les énergies vers l'intérieur. On peut s'en servir pour les mandalas de cristaux de guérison du corps, ou quand il faut davantage d'énergie. Dans les mandalas de lieu, vous souhaiterez peut-être faire entrer des énergies positives dans votre foyer, par exemple.

Vous pouvez disposer les cristaux pour créer un circuit, comme dans un cercle. Je trouve ceci utile si vous voulez créer une sorte d'alimentation continue pour un bouclier de protection. Ce type de disposition peut soit générer de l'énergie comme un vortex, soit créer un mur d'énergie.

Ici, c'est votre intention qui sera la clé, comme toujours. En règle générale, disposez les pointes de cristal dans le sens horaire pour attirer quelque chose ou générer de l'énergie. Vous pouvez diriger les cristaux dans le sens antihoraire pour libérer, pour briser un lien énergétique ou pour la protection.

TOUT ASSEMBLER

Lorsque tout est planifié et préparé, vous pouvez purifier et consacrer les cristaux et tous les autres objets éventuels. Puis, activez et agencez votre mandala de cristaux de la façon que vous préférez.

Si tout ceci semble représenter trop de travail, ne vous inquiétez pas. J'ai écrit ce livre pour vous donner beaucoup de mandalas tout prêts, qui peuvent être modifiés et personnalisés selon vos souhaits. Si vous voulez davantage de mandalas, faites-le moi savoir, et j'écrirai peut-être un second volume...

CHAPITRE 11

RÉSOUDRE LES PROBLÈMES

Les mandalas de cristaux sont un outil de manifestation et de changement. Comme pour toutes les méthodes de manifestation, parfois, les choses ne fonctionnent pas exactement comme on l'avait prévu, ou ne fonctionnent pas du tout. Il y a des raisons pour cela, et je vais en traiter dans ce chapitre. Si vous avez créé un mandala de cristaux, et que vous n'en avez pas encore vu les résultats ni senti les effets, voyez si l'une des raisons ci-dessous peut expliquer pourquoi, et déterminez ce que vous pouvez y faire.

TIMING DIVIN

C'est une chose qui s'applique à tout travail spirituel, ou à toute technique de manifestation. Souvent, les gens abandonnent quelque chose, ou disent qu'ils ont essayé de faire arriver quelque chose et que ça n'a pas fonctionné. Vous devez donner à votre mandala de cristaux le temps de fonctionner. Les choses ne vont pas simplement tomber du ciel parce que vous l'avez demandé. Il faut du temps pour que les fruits grandissent et mûrissent.

Parfois, votre désir va prendre plus de temps à se manifester que vous ne le souhaitez. Si c'est quelque chose de gros, ou qui peut changer votre vie, il peut falloir que certains événements se produisent pour lui permettre de se manifester. Souvent, vous obtiendrez tout ce dont vous avez besoin, mais pas exactement quand vous le voulez. Les choses peuvent se produire plus tard, et en général, seulement quand vous êtes prêt. Il arrive que nous demandions des choses qui, si nous les obtenions à ce moment-là, nous causeraient plus de problèmes qu'elles n'en résoudraient.

Il se peut que nous devions passer par des situations ou des expériences qui sont bien plus importantes pour nous et notre croissance personnelle. Souvent, ce n'est pas évident à ce moment-là, et on ne peut le comprendre qu'avec du recul. Essayez d'avoir confiance en l'arrivée prochaine de ce que vous voulez.

PENSÉES NÉGATIVES & CROYANCES RESTRICTIVES

Il est normal d'avoir des pensées négatives au cours d'une journée. Douter de ses objectifs et de ses rêves fait partie de l'expérience humaine. Cela dit, un excès de pensées négatives et de soucis peut faire baisser votre taux vibratoire. Il n'est pas facile, dans un tel état d'esprit, de manifester quelque chose de positif.

Parfois, nous apprenons des croyances restrictives de notre famille, de la société, des médias et des expériences que nous avons eues dans notre jeunesse. Ces croyances négatives peuvent nous accompagner toute notre vie si nous n'apprenons pas à les repérer. Essayez d'être honnête avec vous-même. Avez-vous des croyances restrictives quant à l'intention qui sous-tend votre mandala de cristaux ?

Votre mandala de cristaux fait ce qu'il a à faire, mais si vous laissez un nuage noir planer constamment au-dessus de votre tête, vous pouvez créer vos propres blocages. Il existe beaucoup de méthodes qui peuvent vous aider à développer un état d'esprit plus positif et propice à la réussite. Si vous avez l'impression d'avoir ce type de problème, cherchez des moyens de penser de façon plus positive.

Il n'y a pas de remède miracle ici, mais prendre conscience de vos pensées et de vos émotions est le meilleur point de départ. Pensez à méditer chaque jour, à énoncer des affirmations, à pratiquer la méditation de pleine conscience, l'hypnose, ou à tirer parti des innombrables livres de développement personnel dont nous disposons maintenant. Porter sur soi chaque jour du quartz fumé ou de l'obsidienne mouchetée peut aussi être utile pour absorber les énergies et les pensées négatives.

EST-CE QUE VOUS AGISSEZ ?

Souvenez-vous du losange des mandalas de cristaux, au début de ce livre. La facette centrale, c'était l'action. Il peut arriver que vous n'ayez pas de possibilité d'action, mais la plupart du temps, il y aura quelque chose que vous pourrez faire. Explorez ce que d'autres personnes font dans votre situation, ou mieux encore, ce qu'ont fait ceux qui l'ont surmontée. Comment pouvez-vous augmenter vos chances de réussite ? Qu'est-ce que vous pouvez faire régulièrement, ou chaque jour ? Il est peut-être temps de changer de façon d'agir et d'essayer une nouvelle méthode. Ce qu'il faut, c'est montrer à l'univers, ou à toutes les autres personnes impliquées, que vous voulez vraiment obtenir ce résultat.

COMMENT EST VOTRE ESPACE SACRÉ ?

Avez-vous pris bien soin de vos cristaux et de votre mandala de cristaux depuis que vous l'avez mis en place ? Est-il couvert de poussière ? Vous devez garder la zone où se trouvent le mandala et les cristaux libre de toute poussière.

Souvenez-vous que la poussière est comme de l'énergie stagnante ; elle ralentit les choses. Assurez-vous d'épousseter régulièrement votre mandala pour que ses énergies demeurent fraîches et vivantes.

Vous devez aussi prendre en compte tout ce qui est situé près de votre mandala de cristaux. Y a-t-il une pile de journaux ou de magazines à proximité ? Des cartons de vieilleries, ou un projet que vous avez abandonné depuis longtemps, ou que vous ne cessez de remettre à plus tard ? Faites attention aussi aux appareils électriques, ou même aux autres cristaux. D'autres cristaux placés près du mandala pourraient interférer avec l'énergie et avec le flux de votre mandala. Retirez-les, ou déplacez-les dans un autre endroit, et voyez si les choses s'améliorent. Faites des essais pour écarter ces problèmes possibles.

PURIFIEZ À NOUVEAU LE MANDALA DE CRISTAUX

Tant l'énergie de la pièce où vous avez placé votre mandala de cristaux que le mandala lui-même auront besoin d'être purifiés de temps à autre. Je recommande de le faire une fois par mois. Vous pouvez vous servir de la méthode de purification par la lumière blanche universelle que j'ai indiquée plus haut. Le moyen le plus facile de purifier un mandala et la pièce où il se trouve, c'est le son sacré ou l'encens. Vous pouvez utiliser des fumigations de sauge ou d'un encens de purification comme le Palo Santo, le santal, le camphre, le copal ou l'oliban et la myrrhe.

Vous pouvez aussi vous servir d'un bol chantant tibétain ou de Tingshas, ces petites cymbales bouddhistes en bronze. Votre mandala peut avoir absorbé l'énergie négative de vos soucis ou de vos craintes, qui peuvent empêcher vos cristaux de donner le meilleur d'eux-mêmes.

AFFINER VOTRE MANDALA DE CRISTAUX

Il peut arriver que certains des cristaux d'un mandala ne vous conviennent pas. Vous avez peut-être choisi l'un des cristaux parce que c'était le seul que vous aviez. Ou bien, le cristal que vous vouliez n'était pas disponible à ce moment-là. Peut-être qu'un autre cristal fonctionnerait mieux pour vous ?

Parfois, il suffit juste de changer la forme du cristal pour que les choses commencent à changer.

Sélectionnez un autre cristal parmi les pierres de substitution proposées dans ce livre, ou, si vous connaissez une pierre dont vous trouvez qu'elle vous convient mieux, servez-vous-en. Si vous savez utiliser un pendule, vous pouvez vous en servir pour trouver le meilleur cristal pour vous. Vous pouvez soit reprogrammer et réactiver le mandala, soit ne faire ceci que pour les nouveaux cristaux. Bien sûr, vous devrez purifier et déprogrammer les cristaux que vous aurez retirés.

Vous souhaiterez peut-être ajouter quelque chose à votre mandala de cristaux. Il peut s'agir de pointes de quartz supplémentaires pour mieux concentrer et amplifier les énergies du mandala. Ou de l'inclusion d'une photo, d'une image imprimée ou d'un autre objet symbolique.

Prenez note des changements que vous apportez, et de la date à laquelle vous avez ajouté ou remplacé des cristaux ou des objets. Laissez à ce genre de modifications le temps de faire leur effet. Si rien ne change, vous voudrez peut-être réactiver le mandala, en dernier recours.

PENSEZ À RÉACTIVER LE MANDALA

Si vous avez essayé toutes les méthodes ci-dessus, vous voudrez peut-être reprogrammer et réactiver votre mandala de cristaux. Parfois, surtout quand on est novice en matière de programmation de cristaux, notre esprit est si occupé à essayer de tout faire correctement que nous n'entrons pas vraiment bien en contact avec les cristaux. Il faudra du temps et de la pratique pour que les choses vous semblent plus naturelles.

En reprenant tout à zéro avec vos cristaux, vous avez l'occasion de tout refaire, et, espérons-le, dans un état d'esprit beaucoup plus détendu et concentré. Est-ce que vous étiez satisfait de la formulation de votre déclaration d'intention et de votre note, si vous en avez utilisé une ? Pensez à la revoir et à la rendre vraiment claire. Un manque de clarté peut amener des résultats flous.

Retirez tous les cristaux, purifiez-les et déprogrammez-les pour recommencer avec une ardoise vierge. Essayez d'activer votre mandala quand vous vous sentez détendu, mais pas quand vous êtes pressé ou stressé. Pour vous aider, vous pouvez diffuser un peu d'huile essentielle de lavande et méditer un moment avant de commencer.

Si vous êtes empathe, ou si vous craignez que les énergies de votre journée interfèrent avec le processus, purifiez votre aura. Vous pouvez vous servir de visualisations ou du mandala de cristaux de nettoyage de l'aura inclus dans ce livre. Un autre moyen facile, c'est de visualiser une douche de lumière cosmique blanc argenté couler sur vous et en vous. Laissez cette énergie cosmique purifier votre aura pendant environ deux à trois minutes, ou jusqu'à ce que vous sentiez que c'est fait.

NETTOYAGE DES CHAKRAS

Vous devez nettoyer votre aura des énergies de la journée, mais aussi purifier vos chakras. Le système des chakras est en rapport avec tous les domaines de votre vie, avec votre état d'esprit, vos énergies psychiques et vos émotions. Quand vos chakras sont déséquilibrés ou bloqués, ils peuvent inhiber votre aptitude à attirer des choses positives dans votre vie.

Quand ils sont dégagés, votre énergie circule librement, et elle peut ainsi attirer des choses à vous et vous aider à manifester ce dont vous avez besoin. Le dégagement des chakras peut être une technique très utile pour la croissance spirituelle, le développement personnel et le travail de guérison. Si vos chakras restent dégagés, vous constaterez que vous pouvez manifester des choses plus rapidement.

Voici un petit secret que vous n'avez peut-être jamais entendu. C'est une très bonne idée que de purifier et d'équilibrer vos chakras avant d'activer vos mandalas de cristaux. Il y a plusieurs façons de faire.

Se servir de cristaux de chakras est l'une des plus faciles et des plus efficaces. Si vous voulez en savoir plus sur ce sujet, vous serez peut-être intéressé par mon livre *Équilibrer ses chakras par les cristaux*.

POSTFACE

J'espère que ce livre vous a permis de mieux comprendre comment fonctionnent les mandalas de cristaux et la géométrie sacrée. J'espère aussi qu'il sera pour vous une référence précieuse sur les mandalas de cristaux à chaque fois que vous en aurez besoin. Les mandalas de cristaux sont un outil précieux dans votre voyage avec les cristaux et la lithothérapie. Puissent-ils contribuer à amplifier vos intentions, à ouvrir de nouvelles portes et à apporter dans votre vie bénédictions et changements positifs.

Merci pour votre soutien,

Ethan

BIBLIOGRAPHIE

Hugh Newman. *Earth Grids: The Secret Patterns of Gaia's Sacred Sites*

Bruce G. Knuth. *Gems in Myth, Legend and Lore*

Danny Sullivan. *Leys: Secret Spirit Paths in Ancient Britain*

Jan Pohribny. *Magic Stones: The Secret World of Ancient Megaliths*

Miranda Lundy. *Sacred Geometry*

Drunvalo Melchizedek. *L'ancien Secret de la Fleur de Vie: Volume 1*

Adele Nozedar. *The Element Encyclopedia of Secret Signs and Symboles*

CRÉDITS

Les photographies de cet ouvrage ont été réalisées par Linn Krabberød, aussi connue sous le nom de SisterSpark. Retrouvez toutes ses créations et mandalas sur :

- Instagram (@sisterspark_crystalgrids)
- Facebook (Sister Spark crystal grids and jewellery)

Merci à Raina pour l'autorisation d'utiliser sur la couverture et à l'intérieur de l'ouvrage le mandala "Whimsical fairytale", commissionné auprès de SisterSpark. Retrouvez Raina sur littlegoldenbutterfly (www.littlegoldenbutterfly.com).

Les illustrations suivantes proviennent d'iStock (seule la première occurrence est mentionnée) :

p. 2 : suksunt sansawast (lignes)

p. 3 : Medina Creatives (marbre), succodesign (mandala)

p. 9 : Jobalou (forme géométrique)

p. 10 : Jobalou (fleur de vie)

p. 15 : Beeldbewerking (fond rose)

p. 21 : Maria Zamchy (cristaux)

p. 22 : Maria Zamchy (cristal)

p. 24 : Maria Zamchy (cristal)

p. 29 : Maria Zamchy (cristal)

p. 45 : Olga Kurbatova (spirale)

p. 56 : Jobalou (graine de vie)

p. 57 : Jobalou (Cube de Métatron)

p. 60 : homodans (cristaux), Aluna1 (pierres roulées)

p. 61 : homodans (petites pierres)

p. 66 : homodans (pierres 1, 2 et 3), Nadydy (pierre 4), Dmitrii Musku (pierre 9), PeterHermesFurian (pierre 11), Mandy Vila selon modèle fourni par Ethan Lazzerini (pierres 5, 6, 7, 8, 10, 12)

p. 136 : oleksii arseniuk (silhouette)

p. 138 : Leontura (silhouette)

AVEZ-VOUS AIMÉ *LES MANDALAS DE CRISTAUX* ?

Si vous avez aimé ce livre, nous aimerions vous demander une petite faveur en retour. L'écriture d'un ouvrage représente des mois d'écriture et souvent de longues années de travail en amont pour acquérir les connaissances nécessaires. C'est pourquoi, si vous le voulez bien, nous vous serions reconnaissants de prendre quelques minutes pour parler de ce livre autour de vous, à vos amis, à vos libraires, sur les forums, blogs, sites web, pages, réseaux sociaux, etc., mais aussi pour laisser un avis sur les sites de vente en ligne.

Vos commentaires participent beaucoup à la visibilité du travail de nos auteurs, mais les aident (et nous aident) aussi à mieux cerner vos attentes, à apporter des améliorations à leur travail et à écrire des ouvrages sur d'autres sujets qui pourraient vous intéresser.

Un livre ne vit et n'existe que lorsqu'il se partage et devient accessible à d'autres. Or, cela ne peut se faire que s'ils en entendent parler. Voilà pourquoi votre participation est aussi importante, et pourquoi nous nous en remettons à vous.

OUVRAGES DU MÊME ÉDITEUR

DICTIONNAIRE DE LITHOTHÉRAPIE HOLISTIQUE

AUTEURE : AURÉLIA MARIANI

Les pierres renferment un pouvoir ancestral. Lorsqu'un minéral est utilisé de manière juste et appropriée, il peut revigorer, cultiver l'amour et même stimuler la créativité !

Aurélia Mariani, formatrice en thérapies énergétiques, vous propose dans cet ouvrage d'accéder aux connaissances nécessaires pour exploiter au mieux les vertus des cristaux.

Classé par thématiques, le *Dictionnaire de lithothérapie holistique* vous propose 200 fiches de minéraux détaillées, incluant toutes les précautions d'usage s'agissant de la purification, de l'activation, du rechargement et de l'utilisation de la pierre. Le tout richement illustré pour une identification aisée, accessible aux débutants.

Ce livre contient aussi un lexique, volontairement axé sur le développement personnel et les énergies subtiles. Il est construit sous forme de thèmes qui possèdent chacun un paragraphe explicatif. Les pierres n'y sont pas seulement listées, leurs propriétés dans ce contexte particulier sont également retransmises, ce qui simplifie la lecture et permet de gagner du temps.

Un guide à la portée de tous, qui regroupe de nombreuses années de pratique et donne envie d'aller plus loin.

ⓘ Relié 21 × 28 - Illustrations couleur - 682 pages - à paraître

LA PROTECTION PAR LES PIERRES

AUTEURE : AMANDINE FORESTIER

Dès lors que vous maîtrisez leurs vertus, les cristaux peuvent s'avérer être de précieux alliés au quotidien. Et si le sujet de la protection par les minéraux suscite un intérêt grandissant, encore faut-il en comprendre les mécanismes énergétiques.

Qu'est-ce que l'aura ? Comment se protéger des charges négatives ? Dans quels contextes le faire ?

Cet ouvrage répondra au mieux aux questionnements les plus fréquents, que l'on soit novice ou féru de lithothérapie. En reprenant les principes de base de la protection par les pierres et en détaillant les caractéristiques des minéraux les plus connus tels que la labradorite, la tourmaline noire ou encore l'œil-de-tigre, ce livre vous aidera à identifier vos besoins énergétiques et à trouver les clés pour utiliser les pierres les plus adaptées aux situations que vous traversez.

Protection d'un lieu, lutte contre les pensées négatives, lutte contre la fatigue ou développement de la confiance en soi, nombreux sont les cas pratiques abordés dans ce livre riche en enseignements.

Le pouvoir des pierres est entre vos mains !

Broché 15 × 21 - Illustrations couleur - 229 pages

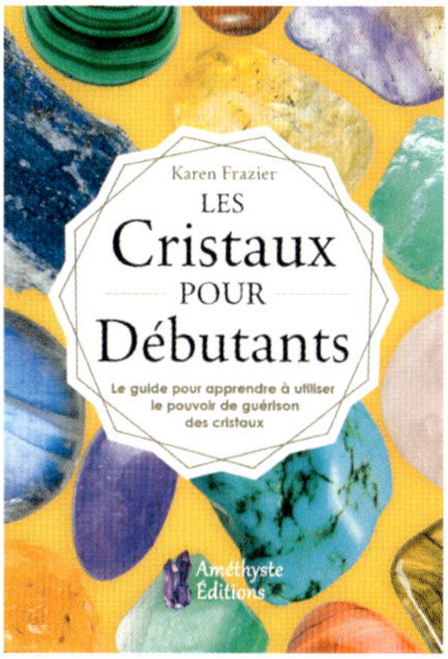

LES CRISTAUX POUR DÉBUTANTS

LE GUIDE POUR APPRENDRE À UTILISER LE POUVOIR DE GUÉRISON DES CRISTAUX

AUTEURE : KAREN FRAZIER

Depuis toujours, les cristaux nous séduisent par leur beauté. Aujourd'hui, de plus en plus de gens se tournent vers ces réservoirs naturels d'énergie vibratoire pour retrouver un bien-être général, se détendre, retrouver l'équilibre et se concentrer sur ce qui est positif.

Les Cristaux pour Débutants vous aidera à comprendre comment les cristaux peuvent vous aider à améliorer votre vie, et donc le monde dans son ensemble.

Karen Frazier, guérisseuse énergéticienne, nous donne une introduction claire et précise à la guérison par l'énergie des cristaux, ainsi que des conseils pour réunir une collection efficace.

Avec quelques éléments de base et une poignée de minéraux, vous pouvez prendre le contrôle des énergies intérieures et extérieures pour créer votre espace de calme au cœur de toutes les tempêtes...

Profils des cristaux : une étude détaillée d'une cinquantaine de cristaux, de leurs propriétés précises et leur usage.

Usages des cristaux : mettez vos cristaux au travail, avec 75 prescriptions qui offrent des conseils précis pour travailler sur toute une série de problèmes, comme l'addiction, l'amour, l'anxiété, le bonheur, le chagrin, la colère, la compassion, la confiance en soi, la confiance, le courage, la décision, l'envie, l'équilibre, la gratitude, les limites, la maltraitance, la motivation, la négativité, la paix intérieure, le pardon, la patience, la prospérité, le regret, le rejet et le stress.

Broché 15 × 21 - Illustrations couleur - 220 pages

ÉQUILIBRER SES CHAKRAS PAR LES CRISTAUX

AUTEUR : ETHAN LAZZERINI

Aimeriez-vous vous purifier des vieilles énergies, aiguiser votre intuition et obtenir des résultats plus rapidement ? Avec plus de 25 ans d'expérience, Ethan Lazzerini vous livre des exercices simples, expliqués pas à pas, pour purifier, équilibrer et aligner tous vos chakras au moyen de cristaux. Équilibrez votre mental, votre corps et votre esprit avec la sagesse des anciens et le pouvoir holistique des minéraux. Ce guide moderne, très clair, vous donne toute la connaissance et les outils pratiques dont vous avez besoin pour prendre en charge votre bien-être.

Vous découvrirez :

> comment explorer les fonctions et les associations des neuf chakras ;

> comment savoir si vos chakras sont purifiés, équilibrés, faibles ou bloqués ;

> de quelle façon les cristaux purifient, équilibrent et alignent tous les chakras ;

> comment se débarrasser des anciens schémas de comportement et des blocages émotionnels ;

> comment choisir, programmer et utiliser un set de cristaux pour chakras ;

et plus encore...

Broché 10 × 15 - Illustrations couleur - 116 pages

PURIFIER SES CRISTAUX

COMMENT PURIFIER ET RECHARGER CORRECTEMENT VOS MINÉRAUX

AUTEURS : ARNAUD THULY ET AMANDINE FORESTIER

L'ouvrage de lithothérapie à posséder s'il ne devait y en avoir qu'un !

Fatigué·e de devoir démêler le faux du vrai dès que vous souhaitez purifier vos cristaux ? De devoir chercher pendant des heures une technique de rechargement efficace parmi la multitude d'informations contradictoires disponibles sur Internet ou dans certains livres ?

Que vous soyez débutant ou praticien passionné de lithothérapie, découvrez tout ce que vous souhaitiez savoir sur la purification et le rechargement dans cet ouvrage unique et indispensable ! Vous y trouverez les méthodes détaillées pas à pas avec leurs avantages et inconvénients, ainsi qu'une liste de précautions à suivre pour prendre soin de vos minéraux.

Par l'auteur du best-seller *Purification, principes et méthodes* et l'auteure de *La Protection par les pierres*.

Broché 10 × 15 - Illustrations couleur - à paraître